面向电子拍卖的安全计算技术与协议研究

史闻博　王佳琪　著

科学出版社

北　京

内 容 简 介

　　本书主要讲述面向电子拍卖安全计算研究的安全技术和应用范例,主要内容包括:电子拍卖的概述、数字签名技术在电子拍卖中的应用、加密技术在电子拍卖中的应用、安全多方计算在电子拍卖中的应用以及拍卖中的协议安全分析与证明。

　　本书面向对电子拍卖安全技术感兴趣的计算机专业的本科生或研究生,以及在电子拍卖安全技术领域潜心研究的科学工作者。本书还可以作为高等院校相关专业学生、研究人员以及工程实践人员的参考书。

图书在版编目(CIP)数据

面向电子拍卖的安全计算技术与协议研究 / 史闻博,王佳琪著. —北京:科学出版社,2018.9

ISBN 978-7-03-056065-0

Ⅰ. ①面… Ⅱ. ①史… ②王… Ⅲ. ①互联网络-应用-拍卖-安全技术-研究 Ⅳ. ①F713.359-39

中国版本图书馆 CIP 数据核字(2017)第 314753 号

责任编辑:王喜军 / 责任校对:王 瑞
责任印制:吴兆东 / 封面设计:壹选文化

科 学 出 版 社 出版
北京东黄城根北街 16 号
邮政编码:100717
http://www.sciencep.com

北京厚诚则铭印刷科技有限公司印刷
科学出版社发行 各地新华书店经销

*

2018 年 9 月第 一 版 开本:720×1000 1/16
2018 年 9 月第一次印刷 印张:9 1/4
字数:180 000
定价:98.00 元
(如有印装质量问题,我社负责调换)

前　言

电子拍卖安全计算研究是信息安全领域的一个重要应用，但目前大多数信息安全相关的教材与专著都过于偏重信息安全技术的讲解，而忽略了对实际场景的具体应用，并且没有一本书详细地介绍电子拍卖领域的安全计算研究。基于此，本书将信息安全技术与电子拍卖应用实例相结合，首先了解信息安全技术的相关基础知识，再循序渐进地引入电子拍卖安全的相关实例，使读者可以逐步了解电子拍卖安全的整个安全技术体系。

本书共 5 章。第 1 章为绪论，介绍电子拍卖的一些基础知识，包括电子拍卖的定义、电子拍卖系统应具有的特性、电子拍卖的主要形式、电子拍卖的类型、电子拍卖的模型以及电子拍卖决策计算面临的安全问题。第 2 章介绍数字签名技术在电子拍卖中的应用，包括普通数字签名技术及其应用实例和特殊数字签名技术及其应用实例。普通数字签名技术分为 RSA 数字签名技术、ElGamal 数字签名技术；特殊数字签名技术分为群签名技术、盲签名技术、环签名技术。第 3 章介绍加密技术在电子拍卖中的应用，包括 ElGamal 加密系统及其应用实例、Paillier 加密系统及其应用实例以及椭圆曲线加密系统及其应用实例。第 4 章介绍安全多方计算在电子拍卖中的应用，包括不经意传输技术及其应用实例、秘密共享机制及其应用实例、比特承诺技术以及姚氏百万富翁问题及其应用实例。第 5 章介绍拍卖中的协议安全分析与证明，包括可证明安全理论方法、安全多方计算理论与方法、零知识证明理论与方法、形式化分析以及电子拍卖的安全特性分析。这些内容涵盖了安全电子拍卖所涉及的安全技术研究和应用实例。为了便于读者学习，本书在编写过程中尽量做到结合实际，文字力求通俗易懂，在书中使用了大量的实例帮助读者理解。

本书的出版得到了国家自然科学基金项目（编号：61472074，U1708262）、中央高校基本科研业务费项目（编号：N172304023）和东北大学秦皇岛分校科研专著专项基金项目的支持和资助，在此表示感谢。

安全计算相关的技术发展非常快，新思想、新观点不断涌现，本书虽力求全面地介绍电子拍卖的安全计算技术与协议，但由于作者水平有限，加之时间仓促，书中难免会有不妥之处，殷切希望广大读者批评指正。

作　者

2017 年 12 月

目　　录

第1章 绪 论

1.1 拍卖交易的历史

1.1.1 世界拍卖交易历史

人类历史上最早的拍卖活动是关于试婚女子的拍卖，最早记录在"历史之父"希罗德的《历史》一书中[1]。古巴比伦人将适龄女子聚集到一处，男子则在她们外面站成一个圆圈，然后拍卖人按次序把她们出卖。富人若是想要娶得最漂亮的姑娘就要相互出价竞争。而在这一过程当中，主持拍卖的临时拍卖人则为世界历史上出现最早的拍卖人。

从罗马共和时期到罗马帝国时期，拍卖开始逐渐兴盛起来，通过战争，拍卖产业发展到鼎盛时期，大量的商人随军出征，商人买下士兵手中的战利品进行倒卖从中赚取差价，而世界拍卖行业从欧洲的中世纪开始步入衰落时期，这是封建主义阶级垄断了生产的结果。这一时期拍卖受到了各种制约，一直到16世纪中叶才开始陆续出现拍卖活动。进入18世纪，1744年成立的苏富比拍卖行和1766年成立的佳士得拍卖行成为世界上最大的两个拍卖行。19世纪末，两家拍卖行都进入了鼎盛时期，几乎垄断了整个拍卖市场。到20世纪初，全世界从事拍卖销售工作以及拍卖形式销售货物的总人数已经非常惊人，这也为拍卖行业的发展创造了今天的大好形势，也使得拍卖行业融入各个领域中。

1.1.2 中国拍卖交易历史

中国最早的拍卖活动是魏晋时期寺院通过"唱衣"的方式将去世僧人的衣物和贡品进行拍卖。寺院通过拍卖的方式筹集维持经济的善款。唐朝时期的《通典》一书中记载的拍卖与现代拍卖的意义已经有了共同之处。

中国长期处于封建社会，在这种自给自足的自然经济条件下，商品生产规模及交换关系非常有限，导致拍卖行业发展极为缓慢。然而当西方人的剩余物资大批占领中国市场的同时，他们也给中国带来了他们最喜欢的交易方式——拍卖。在中国古代的沿海等地区，建立了较大的拍卖中心，使得拍卖交易得到普遍的发展。20 世纪 80 年代后期，中国拍卖行业得到了恢复和长足的发展。中国走上了经济体制改革的道路，社会主义市场经济体制得到了逐步确立和完善，拍卖作为市场经济的一种流通手段开始恢复经营并得到了良好的发展。拍卖交易在人们日常生活中的地位也越来越显著。1997 年出台的《中华人民共和国拍卖法》将拍卖定义为：以公开竞价的方式，将特定的物品或财产权利转让给最高应价者的买卖方式。公开、公平、公正及诚实、信用为拍卖活动必须遵守的基本原则。通过不断地发展，中国拍卖行业已经广泛涉猎文物、金融、铁路、商贸、土地等多个领域，涉及行业十余项。进入 21 世纪，中国拍卖行业进入了稳步发展时期。

1.2　拍卖的方式

拍卖的方式有英格兰式拍卖（English auction）、荷兰式拍卖（Dutch auction）、英格兰式与荷兰式结合式拍卖、密封递价式拍卖、标准增量式拍卖等。

1.2.1　英格兰式拍卖

英格兰式拍卖，也称增价拍卖或低估价拍卖，是指在拍卖过程中，拍卖人宣布拍卖标的的起叫价及最低增幅，竞买人以起叫价为起点，由低至高竞相应价，最后以最高竞价者三次报价无人应价后，响槌成交。但成交价不得低于保留价。

1.2.2　荷兰式拍卖

荷兰式拍卖，也称降价拍卖或高估价拍卖，是指在拍卖过程中，拍卖人宣布拍卖标的的起拍价及降幅，并依次叫价，第一位应价人响槌成交。但成交价不得低于保留价。

1.2.3 英格兰式与荷兰式结合式拍卖

英格兰式与荷兰式结合式拍卖，是指在拍卖过程中，拍卖人宣布起拍价及最低增幅，由竞买人竞相应价，拍卖人依次升高叫价，以最高应价者竞得。若无人应价则转为拍卖人依次降低叫价及降幅，并依次叫价，以第一位应价者竞得。但成交价不得低于保留价。

1.2.4 密封递价式拍卖

密封递价式拍卖，又称招标式拍卖。由买主在规定的时间内将密封的报价单（也称标书）递交拍卖人，由拍卖人选择买主。这种拍卖方式和英格兰式与荷兰式这两种方式相比较有以下两个特点：一是除价格条件外，还可能有其他交易条件需要考虑；二是可以采取公开开标方式，也可以采取不公开开标方式。拍卖大型设施或数量较大的库存物资或政府罚没物资时，可能采用这种方式。

1.2.5 标准增量式拍卖

标准增量式拍卖是一种拍卖标的数量远大于单个竞买人的需求量而采取的一种拍卖方式（此拍卖方式非常适合大宗积压物资的拍卖活动）。卖方为拍卖标的设计一个需求量与成交价格的关系曲线。竞买人提交所需标的的数量之后，如果接受卖方根据他的数量而报出的成交价即可成为买受人。

1.2.6 维克瑞式拍卖

维克瑞式拍卖，也称为第二价格密封拍卖。这种拍卖方式与首价密封拍卖基本相同，区别仅在于胜出者需要支付的价格是第二高的报价，而不是他自己的报价。这与易趣网所使用的代理人竞价系统相似，在这个系统中，胜出者需要支付第二高的报价，再加上一个报价的增额。

1.2.7　速胜式拍卖

速胜式拍卖是增价式拍卖的一种变体。拍卖标的物的竞价也是按照竞价阶梯由低到高、依次递增，不同的是，当某个竞买人的出价高于或等于保留价时，拍卖结束，此竞买人成为买受人。

1.2.8　反向拍卖

反向拍卖也称为逆向拍卖，常用于政府采购、工程采购等。由采购方提供希望得到的产品的信息、需要服务的要求和可以承受的价格定位，由卖家之间以竞争方式决定最终产品提供商和服务供应商，从而使采购方以最优的性能价格比实现购买。

1.2.9　定向拍卖

定向拍卖是一种为特定的拍卖标的物而设计的拍卖方式，有意竞买者必须符合卖家所提出的相关条件才可成为竞买人参与竞价。

1.3　电子拍卖的定义及优势

1.3.1　电子拍卖的定义

电子拍卖是传统拍卖形式的在线实现。卖方可以借助网上拍卖平台运用多媒体技术来展示自己的商品，这样就可以免除传统拍卖中实物的移动；竞标者也可以借助网络，足不出户进行网上竞标。通常，电子拍卖是和电子签约、电子支付整合应用的。一般地，在进行电子拍卖前，拍卖方会在网上发布拍卖品的详细信息和拍卖规则，必要时可通过多媒体展示拍卖品；在某些情况下，会要求有意竞标者预先报名，并对竞标者的资格进行审查，这些程序也是通过网络进行的。拍卖正式开始后，竞标者在网上进行竞标。

1.3.2 电子拍卖的优势

与传统拍卖相比，电子拍卖具有以下优势。

（1）网上交易成本低，各种新品或二手商品都可以在网上进行电子拍卖。拍卖可以充分地利用手中的资源，减少了不需要的东西。买方以较低的价格和交易的费用就可以买到自己需要的东西。

（2）电子拍卖可以通过数码照片、视频资料等多媒体手段为客户展示拍卖物品的大小、样式、性能，使得客户对于物品能够先有一定的了解。

（3）电子拍卖在服务功能上并不比传统拍卖市场逊色，它能够提供与拍卖相配套的系列服务，如达成交易、支付货款以及办理运输等。

随着网络的普及化，电子拍卖将具有非常广阔的应用前景。

1.4 电子拍卖系统应具有的特性

1.4.1 竞标者的匿名性

从拍卖开始到拍卖结束，当拍卖结果公开之后，包括可信权威机构的任何成员都不能获得竞拍失败人的任何身份信息以及投标失败人的投标出价。因此，竞标者具有匿名性。

1.4.2 获胜竞标者的不可抵赖性

从拍卖开始到拍卖结束，当拍卖决出获胜的竞标者时，竞标者不能否认其已经提交的最高出价，并且可以确切地获得竞标者的身份信息。因此，获胜竞标者具有不可抵赖性。

1.4.3 拍卖的公开验证性

当拍卖结束之后，任何人都可以公开地验证获胜者即竞胜者的有效性，通过有效的验证确认获胜竞标者的确是所有竞标者当中最高的出价方。因此，拍卖具有公开验证性。

1.4.4　拍卖的不可欺骗性

在拍卖过程中，任何人都不能伪装成某个已经注册的竞标者进行竞价。因此，拍卖具有不可欺骗性。

1.4.5　协议健壮性

在拍卖过程中，即使竞标者提交一个无效的投标，拍卖过程也不会受到任何影响，因此，拍卖协议具有健壮性。

1.4.6　拍卖的高效性

在英式电子拍卖中拍卖的效率是非常重要的，因为竞标者实时出价，所以英式电子拍卖协议主要是为了提高拍卖的效率，拍卖过程的验证投标书及撤销竞标者的计算量和通信量应适合实际使用。

1.5　电子拍卖的主要形式

电子拍卖有以下三种形式：英格兰式拍卖、最高价秘密投标、最二高价秘密投标。

1.5.1　英格兰式拍卖（电子拍卖）

英格兰式拍卖是最普遍的一种交易形式。用户竞出他们乐意出的最高价，交易期限一到，交易同时停止，物品将卖给出价最高者。

1.5.2　最高价秘密投标

最高价秘密投标是指，买主在竞拍开始后将标书密封形式投标，在卖家宣布投标结束后打开标书，与出价最高者成交。

1.5.3 最二高价秘密投标

最二高价秘密投标也是一种密封投标方式，不同之处在于最高出价者是以第二高出价者所出价格买走交易品。

1.6 电子拍卖的类型

电子拍卖按不同标准可以分为不同类型，本节主要介绍以下几种常用的类型。

1.6.1 一次拍卖和再拍卖

按拍卖次数不同可以分为一次拍卖和再拍卖。一次拍卖是指只经过一次拍卖就拍定的拍卖。再拍卖是指必须经过两次及两次以上的程序才拍定的拍卖。

1.6.2 增价拍卖和减价拍卖

按价格递增或递减可以分为增价拍卖和减价拍卖。增价拍卖指的是前面提到的英格兰式拍卖，也称为低估价拍卖，是指在拍卖过程中，拍卖人宣布拍卖标的的起叫价及最低增幅，竞买人以起叫价为起点，由低至高竞相应价，最后以最高竞价者三次报价无人应价后，响槌成交，但成交价不得低于保留价。减价拍卖又称为荷兰式拍卖，也称为高估价拍卖，是指在拍卖过程中，拍卖人宣布拍卖标的的起叫价及降幅，并依次叫价，第一位应价人响槌成交，但成交价不得低于保留价。

1.6.3 有底价拍卖和无底价拍卖

拍卖按是否有底价又可以分为有底价拍卖和无底价拍卖。有底价拍卖是指拍卖前设定最低售价或者保留价的拍卖。无底价拍卖是指拍卖前不设置最低价或保留价的拍卖。

1.6.4　投标式拍卖和非投标式拍卖

拍卖按是否公开的形式又可以分为投标式拍卖和非投标式拍卖。投标式拍卖又称密封递价式拍卖，是反映拍卖人事先公布拍卖标的相关情况以及拍卖条件，其中又有公开底价和不公开底价两种形式，但竞买人均在规定时间内将其竞价载入密封标单交给拍卖人，再由拍卖人在规定时间内统一开标，择优选取中标者。非投标式拍卖是指普通拍卖，即公开形式的拍卖。

1.6.5　单属性拍卖和多属性拍卖

按拍卖商品属性的个数不同，拍卖又可以分为单属性拍卖和多属性拍卖。单属性拍卖指的是在单个商品的拍卖中，买卖双方只对物品价格这一属性感兴趣的拍卖。通常网上的电子拍卖类型都指的是单属性拍卖。在实际交易的过程当中，买卖双方不仅对双方的价格感兴趣，还需考虑其他属性因素，如提交时间、各种质量参数、售后服务的内容等，并且，通常买方对不同属性的物品估价不同，而卖方产生的不同属性物品所需的成本也不同，买方估价值和卖方成本均可看做物品属性的函数。能够使买卖双方在物品的各种属性上进行协商的拍卖方法称为多属性拍卖。

1.6.6　特殊类型的拍卖

还有一些特殊类型的拍卖，具体如下。

1. 频谱拍卖

频谱拍卖根据其自身的特点，使得拍卖机制与其他传统拍卖略有不同。频谱拍卖指的是一种十分公平高效的频谱分配方式，频谱拍卖中，频谱可以通过竞价的方式获得自己需要的通信信道，主用户也可以通过出租信道得到一定的报酬。动态频谱拍卖允许两个距离较远、相互不造成干扰的用户同时使用一个信道。传统的方式只允许一个商品被某一个竞标者唯一地拥有，而频谱拍卖则不同，频谱拍卖允许多个用户使用同一个信道，只要他们之间通信不会互相干扰。这就要求用户将自己的位置信息提交给拍卖方，使得拍卖方能够建立用户之间的干扰关系，从而判定拍卖赢家和分配每个赢家的信道。频谱拍卖过程可以描述如下：首先，次级用户通过频谱感知或者数据库查询获得本地的可用信道的信息，以及这些可用频段相应的信道质量，结合自己的通信需求来决定自己需要竞价哪些信道以及对应的竞标价格；其次，所有用户将自己的身份识别号码（ID）以及自己的地理位置的竞价通过网络交给拍卖方；最后，当收集了所有用户的竞标信息之后，拍卖方根据特定的拍卖方式决定拍卖的赢家和分配给每个赢家的信道。

2. 双边拍卖

双边拍卖又称双向拍卖，指的是多个卖方和多个买方参加的拍卖。常见的双边拍卖为连续双边拍卖（continuous double auction，CDA），连续双边拍卖对多个相同的物品进行拍卖。卖方与买方可以在任意时刻对任意数量物品叫价，叫价提交给拍卖中心，拍卖中心负责匹配买方和卖方的叫价，匹配成功后以买方和卖方叫价的平均值成交。最典型的双边拍卖市场为股票市场。

1.7 电子拍卖的模型

电子拍卖常用的模型可以分为三类，分别为竞标者-卖家模型、竞标者-拍卖行-卖家模型、竞标者-注册中心-拍卖行-卖家模型。

1.7.1 竞标者-卖家模型

竞标者-卖家模型主要包括两个主体，即竞标者和卖家。卖家即出售物品的人。竞标者则是想要得到卖家欲出售物品的人。竞标者通过竞标卖家出售物品的价格来拍得卖家的物品。

1.7.2　竞标者-拍卖行-卖家模型

竞标者-拍卖行-卖家模型主要包括三个主体，即竞标者、拍卖行、卖家。拍卖行是受卖方委托而组织拍卖活动的一个或者多个机构。通常情况下，他们负责建立竞标者和卖家之间的交易联系，组织进行拍卖活动，包括制定标书、收集标书、计算标价、监督执行交易等。在这一拍卖模型中，竞标者可以将竞标价格以一种密封的形式（加密或作承诺）提交给拍卖行，然后等待拍卖行宣布中标者和中标价格。

1.7.3　竞标者-注册中心-拍卖行-卖家模型

竞标者-注册中心-拍卖行-卖家模型主要包括四个主体，即竞标者、注册中心、拍卖行、卖家。在这一拍卖模型中，竞标者要参加拍卖，就必须先到注册中心申请竞标，注册中心验证了其真实身份后，给通过验证的每个竞标者一个临时的身份证号（ID）和登录拍卖系统的密码，竞标者用该临时身份证号参与拍卖活动。此临时身份证号与竞标者的真实身份是一一对应的。真实身份除了注册中心以外没有人能够得到。

1.8　电子拍卖所面临的安全问题及其安全需求

1.8.1　电子拍卖所面临的安全问题

随着科学技术的迅速发展，电子拍卖作为电子商务重要的应用之一已经快速地发展壮大起来，并应用到各个领域当中，得到了普遍的关注。电子拍卖系统大大提高了市场的方便性和灵活性。

电子拍卖系统的拍卖过程一般可以分为如下内容。

（1）系统准备：拍卖开始之前，拍卖参与者要进行必要的初始化工作，拍卖服务器要发布被拍卖物品或服务器的详细信息、拍卖规则和截止日期，要开设标场做好接受投标的准备工作等；竞标者也要做必要的初始化工作，如必要的电子现金、私钥等。

（2）提交投标：拍卖服务器宣布拍卖活动开始后，每个合法的竞标者按照一定的格式提交他们的标书给拍卖服务器。

（3）结束投标：经过一段时间后，拍卖行宣布投标结束（即不再接受投标）。

（4）宣布结果：拍卖服务器按照确定的规则宣布中标者，并且公开该中标者的标价。如无异议，则买卖双方成交，中标者支付货币，卖方将拍卖物品或服务提供给中标者；如有异议，或者买卖双方有违约行为，则求助于仲裁机构。

然而在电子拍卖广泛应用的同时，在进行电子拍卖过程当中也会产生各种各样值得关注的安全性问题，包括拍卖信息的隐私泄露问题、数据传输的安全问题、电子拍卖的欺诈问题等。

（1）拍卖信息的隐私泄露问题。

拍卖信息包括竞标者的个人身份信息、竞标值信息等。在拍卖的系统准备阶段，竞标者希望自己能匿名地进行拍卖活动而不泄露个人信息、企业或公司信息、竞标信息等。如果被他人获取相关信息可能造成自身的经济损失。在拍卖的竞标阶段，可能会出现竞标者与拍卖行勾结的情况，拍卖行出卖竞标者的信息使得一些竞标者在竞标期间知道其他竞标者的信息而中途篡改标价。因此，竞标结束前竞标者的标价对于拍卖行也必须保证不能被泄露。竞标结束后，只有获胜标价可以泄露。如果拍卖协议是第二价位拍卖，那么保护第一价位的竞标值也是非常重要的。

（2）数据传输的安全问题。

在整个拍卖阶段当中，如何使得投递的信息安全地传输给对方也是我们需要解决的问题。这包括本地数据的传输和中间计算数据的传输。本地的数据不能被任意篡改和泄露。中间计算的数据在传输过程当中也需要保证数据的完整性和隐私性。只有这样才能使得电子拍卖能够顺利地进行，从而得到正确的拍卖结果。

（3）电子拍卖的欺诈问题。

拍卖的某两方串通合谋，例如，拍卖行与某一竞标者串通合谋，那么会使得拍卖的结果被引导到对自己有利的一面，从而出现某一竞标者和拍卖行操纵整个拍卖过程，产生恶意欺诈的情况。如何使拍卖正常地运行、如何防止某些参与者操纵拍卖以及如何保证拍卖的公正性也是电子拍卖所面临的安全性问题。

（4）电子拍卖预防作弊、防止获胜者抵赖。

在电子拍卖的过程当中，并不能保证所有的竞标者能够诚实地完成拍卖。例如，竞标者在完成投标之后，可能否认自己的投标值，也可能伪造、假投标等。如何预防电子拍卖的作弊问题、预防作弊以及防止获胜者抵赖等问题都需要我们用安全的技术手段来解决。

（5）电子拍卖的效率问题。

考虑电子拍卖的安全问题后会引入相关的安全技术来增加电子拍卖系统的安全系数，由于增加了额外开销，系统的计算量和通信量根据方案采用的技术不同要有不同程度地增加。如何在保证安全的情况下提高计算和通信效率，也是我们所面临的问题。

1.8.2 　电子拍卖的安全需求

从实践出发，对上述电子拍卖所需要解决的安全问题进行总结归纳。安全电子拍卖应该拥有公平的竞争机制，获胜者的胜出应该是没有异议的。坚决杜绝发生获胜者违约的情况，为了防止竞标者、拍卖管理者或是恶势力来操纵拍卖，以及为了使得竞标者隐私在拍卖过程中和拍卖结束后能够得到保护，拍卖过程必须匿名进行，总的来说，安全的电子拍卖系统应该具有以下安全需求。

（1）拍卖的公平性（auction fairness）。所有竞标者的地位是一样的，没有一方比另一方有更有利的条件，系统的设计没有偏向性，系统有办法解决发生的争议和获胜者的违约现象。

（2）投标的不可否认性（bid undeniability）。由于竞标者向拍卖管理者提交了标书，最后的获胜者不能够否认自己的最高投标，并且拍卖管理者能够追踪获胜者的身份信息。

（3）投标的不可伪造性（bid unforgeability）。竞标者的投标是不能够被伪造的，就算是拍卖管理者和验证中心合谋也无法伪造竞标者投标标书，因为构造安全的电子拍卖所运用的技术，包括群签名、群盲签名等都是满足签名的不可伪造性的，所以竞标者的标书是不能够被伪造的。

（4）投标结果的公开可验证性（result verifiability）。任何人都可以公开验证获胜者的身份和投标的有效性。

（5）标价的保密性（bid secrecy）。竞标者的标价必须是保密的，对密封式安全电子拍卖来说，从竞标者提交上来的标书我们不能看出标价和竞标者的身份信息。

（6）投标的机密性（bid confidentiality）。我们需要确保拍卖管理者在投标结束之后再将标书打开。

（7）可追踪性（traceability）。在宣布中标结果后，中标者不能否认他所投的标。

（8）竞标者的匿名性（bidder anonymity）。竞标者的个人资料，包括竞标者的个人身份信息和个人审核材料等都必须是保密的。无论公开的电子拍卖还是密封式的电子拍卖从标书上都无法判断竞标者的身份信息。

（9）投标的不可联系性（bid unlinkability）。任何其他参与者都无法判断两个不同的标书是否来自同一个人，也无法将某个身份信息和某个投标联系起来。

（10）拍卖的高效性（efficiency）。高效性是一个电子拍卖必须具备的性能。

开放式拍卖系统满足（1）、（2）、（3）、（4）、（7）、（8）、（10），密封式拍卖系统需满足（1）、（2）、（3）、（4）、（5）、（6）、（8）、（9）、（10）。

对电子拍卖安全的需求进行分析，不断努力解决电子拍卖的安全问题，我们需要运用安全相关的密码学等技术对电子拍卖进行安全机制的设计。在引入了安全机制后，不同的方案采用的安全技术也不尽相同，因而拍卖的执行过程在每个阶段也是不同的。另外，安全的电子拍卖还可以根据需求进行拍卖形式的逆转，如组成所谓的逆向拍卖，即买方一个，卖方多家。供货价最低者与买方成交，成交价可以是最低价，也可以是次低价，从而设计安全机制。因此，我们需要根据实际情况，按照拍卖形式的不同、不同类型物品所具有不同性质的特点来设计相应的电子拍卖安全机制，并有效解决电子拍卖在决策计算中面临的安全问题。

第 2 章　数字签名技术在电子拍卖中的应用

数字签名即公钥数字签名或电子印章，它与普通书写在纸上的物理签名相似，通过运用公钥加密领域的技术来实现鉴别数字信息。数字签名通常定义两种互补运算：签名和验证。数字签名能够保证每个用户都可以验证消息，即该消息确认来自于声称产生该消息的人，是对信息发送者发送信息真实性的一个有效证明。

数字签名应满足以下要求。

（1）收方能够确认或证实发方的签名，但不能伪造。

（2）发方发出签名的消息给收方后，就不能再否认他所签发的消息。

（3）收方对已收到的签名消息不能否认，即收到认证。

（4）第三者可以确认收、发双方之间的消息传送，但不能伪造这一过程。

数字签名的核心属性为：被签名的消息可以明确地跟踪到它的发起人，因为只有唯一的签名者的私钥才能计算出有效的签名。只有签名者自己才能生成一个签名，因此可以证明：签名方的确生成了这个消息。

数字签名作为重要的密码学工具之一，已经广泛地应用于电子拍卖中。通过使用数字签名加密方案保证投标人的不可否认性和匿名性，验证信息的完整性以及防止电子拍卖交易中的抵赖现象发生。

主要应用于电子拍卖的签名方案有 RSA、ElGamal 等普通数字签名，以及群签名、盲签名、环签名等特殊数字签名。

2.1　RSA 数字签名技术

RSA 数字签名技术基于大整数分解问题，分解大整数是敌手常用的攻击签名系统的方法，敌手只要能够将大整数分解出来，那么得出签名者的私钥是非常容易的。所以为了保证方案的安全性，需要将大整数尽量取大，这样势必导致签名的公钥长度和签名长度变大，与其他方案相比取得同样的安全性则需要更长的签名长度。

RSA 签名体系的消息空间的密文空间都可以表示为 $Z_n = \{0,1,2,\cdots,n-1\}$，其中，$n = p \times q$，$p$、$q$ 分别表示大素数。这种签名体系是一种确定的数字签名体系。

2.1.1　RSA 签名体系的密钥产生

对每个实体 A 进行以下操作：

（1）随机选择两个大素数 p 和 q；

（2）计算 $n = p \times q$ 和 $\varphi(n) = (p-1)(q-1)$；

（3）随机选择 e，满足 $1 < e < \varphi(n), \gcd(e,\varphi(n)) = 1$；

（4）用欧几里得算法计算 d，满足 $1 < d < \varphi(n)$，$ed = 1 \bmod \varphi(n)$。

设 A 的公钥为 (n,e)，私钥为 (n,d)。

2.1.2　RSA 签名算法

RSA 签名算法步骤如下：

（1）计算 $s = m^d \bmod n$，s 表示签名；m 表示消息；

（2）发送 (m,s)。

2.1.3　RSA 验证算法

RSA 验证算法步骤如下：

（1）计算 $m' = s^e \bmod n$；

（2）验证 m' 是否等于 m，若不等于，则拒绝。

2.1.4　安全性分析

如果攻击者能够进行模 n 的大整数分解，则它可计算 $\varphi(n)$，从而利用欧几里得算法得到签名者的私钥。所以签名者必须小心地选择 p 和 q。

2.2　ElGamal 数字签名技术

ElGamal 数字签名技术是一种随机附属签名机制，它可以对任意长度的二进制格式消息进行签名。数字签名算法（DSA）是它的一个变种。

2.2.1　ElGamal 签名体系的密钥产生

每个实体进行以下操作：

（1）随机选择大素数 p 和 Z_p^* 上的生成元 α，Z_p^* 表示有限循环群；

（2）选择随机整数 a，$1 \leqslant a \leqslant p-2$；

（3）计算 $y = \alpha^a \bmod p$。

设 A 的公钥为 (p, a, y)，私钥为 a。

2.2.2　ElGamal 签名算法

ElGamal 签名算法步骤如下：

（1）选择随机数 k，$1 \leqslant k \leqslant p-2$ 且 $\gcd(k, p-1) = 1$；

（2）计算 $r = \alpha^k \bmod p$；

（3）计算 $k^{-1} \bmod p-1$；

（4）计算 $s = k^{-1}\{h(m) - ar\} \bmod p-1$；

（5）m 的签名为 (r, s)。

2.2.3　ElGamal 验证算法

ElGamal 验证算法步骤如下：

（1）验证 $1 \leqslant k \leqslant p-1$，若不满足，则拒绝；

（2）计算 $v_1 = y^r r^s \bmod p$；

（3）计算 $h(m)$ 和 $v_2 = \alpha^{h(m)} \bmod p$；

（4）若 $v_1 = v_2$，则接受签名，否则拒绝。

其中，$s = k^{-1}\{h(m) - ar\} \bmod (p-1)$，可得 $ks = h(m) - ar \bmod (p-1)$，即 $h(m) = ar + ks \bmod (p-1)$，从而有 $\alpha^{h(m)} = \alpha^{ar+ks} = (\alpha^\alpha)^r r^s \bmod p$，因此有 $v_1 = v_2$。

2.2.4　安全性分析

（1）攻击者要伪造签名就要确定 s 的值，若离散对数问题是困难的，则攻击者正确选择 s 的概率为 $1/p$，当 p 足够大时，这个概率可忽略。

（2）每次签名时必须选择不同的 k，否则签名者的私钥有可能暴露。假设 $s_1 = k^{-1}\{h(m_1) - ar\} \bmod (p-1)$，$s_2 = k^{-1}\{h(m_2) - ar\} \bmod (p-1)$，则 $(s_1 - s_2)k = (h(m_1) - h(m_2)) \bmod (p-1)$。若 $(s_1 - s_2) \neq 0 \bmod (p-1)$，则 $k = (s_1 - s_2)^{-1}(h(m_1) - h(m_2)) \bmod (p-1)$，这时计算 a 是很方便的。

2.3　群签名技术及其应用实例

群签名的概念是由 Chaum 和 van Heyst 在 1991 年首次提出的[2]。该群签名方案允许组的成员代表组签署消息，使得所生成的签名不显示其身份。签名可以相对于单个组公钥进行验证，同时隐藏签名人的身份。只有指定的组长才能打开签名，从而揭示签名者的身份。自发明以来，群签名一直是众多学者的研究对象。Camenisch 和 Stadler[3]提出了第一个有效的组签名方案，其中，公钥的大小和签名与组成员的数量是独立的。此外，如果将新成员添加到组中，则该组的公钥将保持不变。群签名具有理想的性质，这使其成为电子拍卖的理想选择[4-6]。

2000 年，Nguyen 和 Traoré 提出了一种基于组签名方案的英格兰式拍卖协议，以确保投标人的匿名性[7]。在他们的方案中，会员可以为一个团体创建一个签名，经理可以稍后揭示签名人的身份。然而，组织签名不符合签名人的匿名性质，因为集团经理具有打破匿名的特权。同年，Sakurai 和 Miyazaki 提出了一种基于新的可转换组签名方案的匿名电子招标协议，通过可否认的组签名变体来获得更好的匿名性[8]。2006 年，Trevathan 等把群签名应用到双边拍卖中，提出任何现有的安全组签名方案都可以实现 CDA 的不可伪造性、匿名性、不可连接性、可排除性、联盟抗拒性、可验证性、鲁棒性和可追溯性的特征[9]。2009 年，Lee 等提出了具有认证功能的组签名的安全密封投标拍卖方案[10]。2011 年，Yong 等提出了基于组签名和部分盲签名的方法，在基于组签名的电子拍卖方案的安全性和效率的基础上，对提出的方案进行了优化。为了保护中标人的隐私，验证拍卖中标者的身份，减少对可信第三方的依赖，可多种货物同时拍卖，因此，该方案适合大规模电子拍卖[11]。

　　本节主要介绍群签名技术、群签名的安全需求、群签名技术在电子拍卖中的应用。

2.3.1　群签名技术

1. 群签名技术的特点

群签名技术的特点如下。

（1）给定群中的任何一个成员都可以代表该群对文件进行签名。

（2）签名能够被单独的群公钥验证。

（3）只有群管理员能够确定是哪个群成员代表群签名。

（4）群成员不能够伪造其他人的签名。

2. 群签名的步骤

群签名的步骤具体如下。

（1）准备阶段：一个概率性运算产生群公钥 Y 和管理员的密钥 S。

（2）加入阶段：交互协议（群管理员和新的群成员之间的）产生新成员的私钥 x 和会员证书 A。

（3）签名阶段：交互协议（群成员和内部用户之间的）输入内部用户的消息 M 和群成员的私钥 x，输出一个关于 M 的群签名 σ。

（4）验证阶段：一种运算输入为 (M,σ,Y)，输出 1 表示关于消息 M 的签名是有效的；输出 0 表示该签名是无效的。

（5）打开阶段：一种运算输入是 (M,σ,S)，输出数据判断对消息 M 签名的成员的身份信息。

2.3.2　群签名的安全需求

（1）不可伪造性：仅群里面的成员能够代表该群对消息进行签名，只有群成员签名能够通过群公钥的验证。

（2）签名的匿名性：任何人都可以验证群签名的有效性，但只有群管理员能够追踪确定出签名者的身份信息。

（3）签名的不可否认性：因为群管理员能够揭示群签名成员的身份，所以群成员对签名不可否认。

（4）不可连接性：除了群管理员，其他任何人都不能确定两个不同的签名是否来自同一个群成员的签名。

（5）抗特定攻击的安全性：没有一个群成员的子集（包含群管理员）可以代替其他任何一个群成员进行签名。因为在打开阶段能够揭示签名成员的身份，群成员形成的子集没有与之对应的身份。

（6）联合抵抗：没有群成员（包含群管理员）可能生成不可追踪的群签名。

2.3.3　群签名技术在电子拍卖中的应用

1. CDA 的群签名技术

2006 年，Trevathan 等提出的一个匿名和安全的 CDA 方案，把群签名应用到双边拍卖中，可实现拍卖安全的不可伪造性、匿名性、不可连接性、可排除性等特征[9]。

在 CDA（允许许多买家和卖家不断提交商品的采购和销售投标的拍卖形式）中，主要采用 Ateniese 等[12]所发明的一种群体签名方案，它的安全性很好。要加入 CDA，投标人必须首先向注册商登记注册（在集团签名方案中他与拍卖师共同扮演集团经理的角色）。一旦注册，投标人就可以通过签名来参与 CDA 的投标。投标会被提交给经营 CDA 的独立拍卖师。拍卖结果在由拍卖商公证的公告牌上公布。Ateniese 等的群签名方案非正式的工作如下。

假设 $n = pq$ 为 RSA 模数，p 和 q 为两个安全素数（即 $p = 2p' + 1, q = 2q' + 1, p'$、$q'$ 也是质数）。用 QR(n) 表示一组由 p'、q' 的元素生成的周期组。其群公钥 $Y = (n, a, a_0, y = g^x, g, h)$。其中，$a$、$a_0$、$g$、$h$ 在 QR(n) 中是随机选定的。组管理的密钥是 x。

为了加入该小组，用户（投标人 b_i）必须与组管理者进行协议来接收组证书 $[B_i, e_i]$，其中，$B_i = (a^{x_i} a_0)^{1/e_i} \bmod n$ 与 e_i、x_i 是从两个整数范围中选择的，正如文献[12]定义的那样。

为了对一个消息/投标 m 签名，用户（投标人）必须证明持有其成员证书，而不泄露证书本身。更准确地说，用户/投标人计算：

$$T_1 = B_i y^w \bmod n, \quad T_2 = g^w \bmod n$$

$$T_3 = g^{e_i} h^w \bmod n, \quad \mathrm{SK}(m)$$

式中，通过消息 m 计算的值 SK(m) 表示密钥 x_i 的知识签名。

如果发生纠纷，组经理可以打开一个签名，显示签名者的身份。这是因为 (T_1, T_2) 是用户证书的 ElGamal 加密（使用组管理器的公钥）。也就是说，组管理器可以使用 $B_i = T_1 / (T_2)^x$ 计算 B_i。

2. 基于验证加密的群签名

2009 年，Lee 等[10]提出的具有认证功能组签名的安全密封投标拍卖方案，可以实现投标价格的保密性、匿名性、可验证性、不可否认性等安全性能。下面将详细阐述基于验证加密的群签名技术在电子拍卖协议中的具体实现过程。

该拍卖机制的签名方案涉及三个阶段：起始阶段、签名和验证阶段以及鉴定阶段。其签名方案先作如下描述。

1）起始阶段

设 p 和 q 是大素数，使 $q | p - 1$，设 g 是 GF(p) 中 q 阶的生成元。每个群成员 U_i 选择密钥 x_i，并计算公钥 $y_i = g^{x_i} \bmod p$。群经理 T 有密钥 x_T 和公钥 $y_T = g^{x_T} \bmod p$。对于每个群成员 U_i，群管理员在 Z_q^* 中随机选择一个整数 k_i，并计算 $r_i = y_i k_i - x_T \bmod q$ 和 $s_i = y_i^{k_i} \bmod p$。接下来，群管理员直接发送 (r_i, s_i) 给组成员 U_i。在收到 (r_i, s_i) 后，U_i 可以通过校验等式 $s_i^{y_i} = (g^{r_i} y_T)^{x_i} \bmod p$ 来验证有效性。

2）签名和验证阶段

在该方案中，我们添加了一个短消息作为测试，将其表示为 M_{check}。U_i 通过以下步骤来签署消息 M_{original}：

（1）计算 $M = M_{\text{check}} \| M_{\text{original}}$，$\|$ 表示连接；

（2）U_i 在 Z_q^* 中选择两个随机数 R_1、R_2；

（3）计算如下 A、B、C、D 四个参数：

$$A = x_i R_1 R_2 \bmod q \tag{2.1}$$

$$B = s_i^{R_1 R_2 y_i} \bmod p \tag{2.2}$$

$$C = M y_j^{-R_1 A h(B)} \bmod p \tag{2.3}$$

$$D = R_1 - r_i h(C) \bmod q \tag{2.4}$$

（4）消息 M 的群签名是 $\{A, B, C, D, M_{\text{check}}\}$。

接收者 j 可以通过以下步骤来验证群签名。

（1）恢复消息 M 如下：

$$M = C(g^{DA} y_T^{-h(C)} B^{h(C)})^{x_j h(B)} \bmod p \tag{2.5}$$

（2）校验如下方程：

$$M_{\text{check}} \overset{?}{=} \text{head}(M, s) \tag{2.6}$$

式中，$h(\cdot)$ 是一个抗碰撞哈希函数；M_{check} 是带有 s 位的二进制字符串；$\text{head}(M, s)$ 是返回二进制串 M 的前 s 位的函数。如果式（2.6）成立，则签名是有效的。

3）鉴定阶段

在发生争议的情况下，必须打开签名以显示签名者的身份。当群管理员可以访问每个成员 U_i 的 (y_i, k_i) 时，群管理员可以获得满足等式 $B = g^{A k_i y_i}$ $(i = 1, 2, \cdots, n)$ 的 (y_i, k_i)，其中 n 是群成员的个数。由此，群管理员可以确定签名者。

3. 群签名技术的电子拍卖方案

由此，基于群签名技术的电子拍卖方案如下。

其电子拍卖模式由三个阶段组成：投标人注册阶段、竞标阶段和公开阶段。四个参与者包括：投标人、注册经理（registration manager，RM）、拍卖经理（auction manager，AM）和身份管理者（identity manager，IM）。在该拍卖模型中，我们将使用公共密码系统来确保在公共信道上传输的安全性，并使用群签名技术来保护私有信息。这些参与者的责任如下。

（1）投标人：用户拥有可以在互联网上投标的有效证书。

（2）RM：RM 负责登记每个投标人。在竞标物品之前，投标人必须先注册并从 RM 处取得他的证书。在将证书发送给投标人后，RM 保留了投标人信息的数据库，以便找到中标者的原始身份。因此，RM 有两个功能：使投标人能够参与竞标，以及揭示原始投标人的身份。

（3）AM：所有的投标货物都必须先到 AM 处登记。因此，AM 必须管理物品的信息。另外，AM 响应管理投标，直到竞标时间结束。AM 也回应开标。AM 找到中标者的投标并且公开，并担任校验投标人有效性的职责。

（4）IM：对开标做出响应，但是 IM 只能找到获胜的投标值，并不知道获胜者的身份。因此，当找到中标的报价时，IM 将中标的报价发送给 RM。RM 可以找到获胜者的身份。但是 RM 需要太多的时间来寻找获胜者的身份。为了改善性能，我们改进了群签名方案。首先，AM 将中标的出价和相应信息发送给 IM；然后，IM 对其进行处理，并将中标的出价和过程信息发送给 RM；最后，RM 可以在短时间内确定获胜者的身份。因此，IM 能帮助 RM 更快地确定获胜者的身份。

具体拍卖方案实施如下。

在表 2.1 中列出了该方案中使用的缩写和符号。

表 2.1　提出的方案中所使用的符号及意义

符号	意义
ID_i	每个投标人的唯一身份，如身份证号码
x_i	投标人 B_i 的私钥
y_i	投标人 B_i 的公钥
x_{RM}	RM 的私钥
y_{RM}	RM 的公钥
x_{AM}	AM 的私钥
y_{AM}	AM 的公钥
x_I	IM 的私钥

续表

符号	意义
y_I	IM 的公钥
$h(\cdot)$	单向哈希函数
RN_i	投标人 B_i 的连接价值
GNO_i	货物的序列号
GS	群签名
$head(M,s)$	返回二进制串 M 的前 s 位的函数
M	一条消息
T_i	时间戳
P_i	投标的价格
‖	一个连接两个二进制字符串的运算符

该方案由投标人注册阶段、竞标阶段、获胜者决策以及公告阶段（公开阶段）组成。AM、RM 分别有私钥 x_{AM}、x_{RM} 以及相应的公钥 $y_{AM} = g^{x_{AM}} \bmod p$ 和 $y_{RM} = g^{x_{RM}} \bmod p$。设 p 是一个大素数，q 表示 $p-1$ 或 $p-1$ 的一个大质数因子。该电子拍卖方案的步骤细节描述如下。

1）投标人注册阶段

投标人 B_i 随机选择一个私钥 x_i 并计算相应的公钥 $y_i = g^{x_i} \bmod p$。然后，B_i 秘密地发送信息 ID_i 和 y_i 给 RM 进行注册。当 RM 接受注册请求时，RM 计算证书 (r_i, s_i) 如下：

$$r_i = y_i k_i - x_{RM} \bmod q \tag{2.7}$$

$$s_i = y_i^{k_i} \bmod p \tag{2.8}$$

式中，k_i 是一个随机数且 $\gcd(k_i, q) = 1$。然后，RM 选择一个随机数 RN_i，并秘密地发送 (r_i, s_i) 和 RN_i 给投标人 B_i。当收到 (r_i, s_i) 和 RN_i 后，投标人 B_i 可以通过以下关系来验证证书：

$$s_i^{y_i} = (g^{r_i} y_{RM})^{x_i} \bmod p \tag{2.9}$$

如果式（2.9）成立，则投标人 B_i 的证书是有效的。RN_i 是一个密码，RM 可以用它快速找到中标者的身份。与此同时，RM 在表 2.2 中维护了投标人的信息数据库。

表 2.2　RM 中投标人的信息数据库（一）

身份	公钥	整数	连接值
ID_1	y_1	k_1	RN_1
ID_2	y_2	k_2	RN_2
ID_3	y_3	k_3	RN_3
⋮	⋮	⋮	⋮

2）竞标阶段

设一个投标人 B_i 想参加这次拍卖，则 B_i 执行以下步骤。

（1）投标人将 RN_i 和 GNO_i 发送给 IM。当它被接收时，IM 选择一个随机数 d_i 并计算 $NO_i = GNO_i \| d_i$。然后，IM 用 x_1 作为 $S = Sign_{x_1}[NO_i, RN_i]$ 签署 NO_i 和 RN_i 并发送 S 和 NO_i 给投标人。最后，IM 维护一个数据库，如表 2.3 所示。投标人通过 IM 的公钥 y_1 来验证 S。投标人可以校验解密 RN_i 是否等于投标人的 RN_i。这一步可以防止任何人修改 RN_i。

表 2.3　投标人在 IM 中的联系价值的数据库

联系价值	编号
RN_1	NO_1
RN_2	NO_2
RN_3	NO_3
⋮	⋮

（2）投标人使用证书 (r_i, s_i) 和 GNO_i 在投标值上建立一个签名。首先，构造 $M = (GNO_i \| T_i, NO_i, P_i)$，其中，$P_i$ 是投标的价格，T_i 是时间戳。然后，在 Z_q^* 中选择两个随机数 R_1 和 R_2，计算 A、B、C 和 D：

$$A = x_i R_1 R_2 \bmod q$$

$$B = s_i^{R_1 R_2 y_i} \bmod p$$

$$C = M y_i^{-R_1 A h(B)} \bmod p$$

$$D = R_1 - r_i h(C) \bmod q$$

最后，$\{A, B, C, D, \mathrm{GNO}_i\}$ 是一个投标，且投标人将它发送给 AM。

（3）当 AM 接收到投标值时，AM 维护一个数据库，如表 2.4 所示，直到公开阶段。

表 2.4　AM 中关于投标信息的数据库

序列号	签名
1	$\{A_1, B_1, C_1, D_1, \mathrm{GNO}_1\}$
2	$\{A_2, B_2, C_2, D_2, \mathrm{GNO}_2\}$
3	$\{A_3, B_3, C_3, D_3, \mathrm{GNO}_3\}$
⋮	⋮

3）获胜者决策以及公告阶段

当竞价程序结束时，AM、IM 和 RM 将会合作寻找并公布胜出者 B_w 的身份。具体过程如下。

（1）AM 用等式 $M_i = C_i (g^{D_i A_i} y_\mathrm{RM}^{-h(C_i) A_i} B_i^{h(C_i)})^{x_\mathrm{AM} h(B_i)} \bmod p (i = 1, 2, \cdots, n)$ 恢复所有的消息。然后，AM 找到最高的出价 M_j 并校验全等关系 $\mathrm{GNO}_j = \mathrm{head}(M_j, s)$。如果上述关系成立，则签名有效。签名 $\{A_j, B_j, C_j, D_j, \mathrm{GNO}_j\}$ 中标。

（2）AM 选择一个随机数 R_3，然后计算 $Q_j = x_\mathrm{AM} R_3 \bmod q$ 和 $C_j' = M_j (C_j M_j^{-1})^{R_3} \bmod p$。AM 发布 $\{A_j, B_j, Q_j, C_j, D_j, \mathrm{GNO}_j\}$，每个人都可以通过校验是否有 $M_i = C_j' (g^{D_i A_i} y_\mathrm{RM}^{-h(C_i) A_i} B_i^{h(C_i)})^{Q_j h(B_j)} \bmod p$ 来验证。换句话说，每个人都可以校验投标值是否是最高的出价。

（3）AM 将中标价 $\{A_j, B_j, Q_j, C_j, D_j, \mathrm{GNO}_j\}$ 和 NO_j 发送给 IM。然后，IM 通过表 2.3 找到对应的密码 NO_j 的 RN_j。

（4）IM 将中标价 $\{A_j, B_j, Q_j, C_j, D_j, \mathrm{GNO}_j\}$ 和 RN_j 发送给 RM。当 RM 接收到它时，可以通过表 2.2 找到相应的 ID_j、y_j 和 RN_j 的 k_j。然后，RM 校验

$B_j = g^{A_j k_j y_j} \bmod p$ 是否成立。如果上述情况成立，确定拥有身份 ID_j 的 B_j 是赢家。最后，RM 选择一个新的密码 $\mathrm{New\_RN}_j$，并将 GNO_j 和 $\mathrm{New\_RN}_j$ 发送给获胜者。当获胜者 B_j 收到它时，从而获胜者知道赢得了投标，并且必须在下次投标时使用 $\mathrm{New\_RN}_j$。另外，RM 在表 2.5 中添加了 $\mathrm{New\_RN}_j$ 的数据库。因为 B_j 可能会使用 RN_j 去投标很多商品，为了防止在公开阶段找不到赢家这种情况的发生，RM 必须保存 RN_j 一定的时间，直到上面的情况不会再发生。

表 2.5　RM 中投标人的信息数据库（二）

身份	公钥	整数	联系价值
ID_1	y_1	k_1	RN_1
ID_2	y_2	k_2	RN_2
ID_3	y_3	k_3	RN_3
⋮	⋮	⋮	⋮
ID_j	y_j	k_j	$\mathrm{RN}_j, \mathrm{New\_RN}_j$
⋮	⋮	⋮	⋮

2.4　盲签名技术

1983 年，Chaum 首先提出了关于盲签名的概念，该方案是基于 RSA 签名的盲签名方案[13]。

盲签名因为具有盲性这一特点，可以有效保护所签署消息的具体内容。一般的数字签名，签名者通常知道消息的内容，但盲签名是一种特殊的数字签名，接收者需要对原有的信息进行盲化处理，然后才发送给签名者，签名者对盲化后的信息进行签名，之后发送给接收者，接收者对签名进行去盲化，最终得到原始信息的正确签名。因此，它除了满足一般数字签名条件外，还满足两条性质：签名者对所签名的消息是不可见的，即签名者不知道其所签署消息的具体内容；签名消息不可追踪，即当签名消息公布后，签名者无法知道这是其何时签署的。随着电子商务的广泛应用，盲签名主要应用在电子选举和电子现金的系统领域当中。随着电子拍卖系统的兴起，盲签名对设计安全的电子拍卖系统发挥了重要的作用。

2000 年，Mu 和 Varadharajan 首次运用 Blind Nyberg-Rueppel 签名提出了一种互联网匿名拍卖方案以提供投标人和服务器的公平匿名[14]。该方案基本满足所有安全要求的密封投标拍卖系统，且不需要太多的服务器。Wang 和 Leung 在 2004 年阐述了互联网零售市场连续双重拍卖的匿名性和安全性，且应用到了基于 RSA 的盲签方案[15]。Juang 等在 2005 年提出了一个安全和公正的密封投标拍卖方案[16]。在没有相互委托协助的情况下，使用门槛密码系统来保证投标人之间的公平。在这种方案中，投标人之间的计算是独立的，只能在注册阶段之后向营业员发送匿名消息。运用公平盲签名技术和不可追踪的电子邮件系统来设计一个真实、公平和安全的密封竞标拍卖计划。2007 年，Kazem 等在讨论匿名拍卖中的欺诈保护时，也涉及了盲签名技术的运用[17]。

本节主要介绍盲签名技术所具有的性质，以及应用在电子拍卖协议中的盲签名技术，包括 RSA 盲签名、ElGamal 盲签名、Blind Nyberg-Rueppel 签名。

2.4.1　盲签名技术的性质与效率

1. 盲签名技术的性质

（1）不可伪造性：任何一个人都不能代表签名者生成有效的签名。

（2）不可抵赖性：签名者不能否认他对某个消息签了名。

（3）盲性：签名者是在不知道原始消息内容的情况下进行地签名。

（4）不可跟踪性：经过接收者去盲化处理后的签名，签名者不知道这个签名是何时签下的。

2. 盲签名技术的效率

盲签名技术的效率（实现速度和可操作性）主要取决于以下几个方面：

（1）盲签名长度；

（2）密钥长度；

（3）盲签名算法和验证算法。

2.4.2　RSA 盲签名过程

在一般的数字签名方案中，我们在签署之前总是知道消息的内容。然而，在某些特定应用中，我们更愿意让某人签署消息而不让他知道消息的内容。这种盲签名方案已经广泛应用于电子现金系统，如电子选举等。在电子拍卖机制中，Wang 和 Leung[15]在 2004 年针对互联网零售市场连续双边拍卖的匿名性和安全性进行了讨论，他们利用 Chaum 所提出的 RSA 盲签名技术来实现安全的协议设计，基于 RSA 盲签名过程可以通过以下示例来说明，具体的阐述可以参照文献[13]。

假设 Bob 希望 Alice 在不知道 m 是什么的情况下签名消息 m，基本协议如下。

（1）Bob 首先随机选择一个称为盲因子的数 k，并对 m 进行致盲转换来获得消息。致盲后消息 $m' = mk^e(\bmod n)$，其中 (n,e) 是 Alice 的公钥。然后 Bob 发送 m 给 Alice。注意，Alice 能在不知道 k 的情况下从 m' 恢复至 m。

（2）Alice 使用其私钥从 m' 生成签名 S'，即 $S' = m'^d = (mk^e)^d = m^d k(\bmod n)$ 并将 S' 返回给 Bob。

（3）Bob 计算出 $S = S'/k = (mk^e)^d/k = m^d(\bmod n)$，并在消息 m 上得到 Alice 的签名。注意，Alice 不知道关于 m 的任何情况，因为 k 是未知的。

通常，剪切和选择技术总是与盲签名一起应用，以确保签名者可以在不知道实际消息的情况下校验消息的正确性[18]。使用剪切和选择技术的 RSA 盲签名协议如下。

（1）Bob 首先随机选择 L 个数字 $K_i(i=\{1,2,\cdots,L\})$ 作为盲因子，并生成 L 个盲文消息：$m_i' = m_i k_i^e(\bmod n)$ $(i=\{1,2,\cdots,L\})$，其中 (n,e) 是 Alice 的公钥。然后 Bob 发送 $m_i'(i=\{1,2,\cdots,L\})$ 给 Alice。

（2）Alice 随机选择一个 t，且 $1\leqslant t\leqslant L$，并请求 Bob 提交其他 $L-1$ 个 k_i 值，$i=\{1,2,\cdots,t-1,t+1,\cdots,L\}$。然后 Bob 提交 Alice 请求的 $L-1$ 个 k_i 值。

（3）在接收到 $L-1$ 个 k_i 值时，$i=\{1,2,\cdots,t-1,t+1,\cdots,L\}$，Alice 打开 m'，$i=\{1,2,\cdots,t-1,\cdots,L\}$ 获得 m_i 进行正确性校验。如果 $L-1$ 个 m_i 正确生成，Alice 相信 m_t 也可以正确生成，然后使用私钥在 m_t' 上生成一个签名 S'，即 $S' = m_t'^d = (m_t k_t^e)^d = m_t^d k_t(\bmod n)$。之后，Alice 返回 S' 给 Bob。

（4）Bob 计算 $S = S' / k_t = (m_t k_t^e)^d / k_t = m_t^d (\bmod n)$，并得到 Alice 在 m_t 上的盲签名。

L 是上述协议中的一个安全参数，并注意到 Bob 有 $1 / L$ 的概率成功地欺骗 Alice。因此，需要在选择大 L（强正确性）和小 L（效率）时进行权衡。

2.4.3　ElGamal 盲签名过程

ElGamal 盲签名方案基于 ElGamal 数字签名方案，该方案是基于离散对数难解问题来证明安全性的[19]。为了更好地理解盲签名，下面将对 ElGamal 盲签名过程进行简要介绍。

1. 体制参数

（1）Bob 选择大素数 $p \in Z_p^*, g \in Z_p^*$。

（2）Bob 选择私钥 $x \in Z_{p-1}^*$，计算公钥 $y = g^x$。

（3）Bob 公开参数 p、y、g。

2. 签名阶段

（1）Alice 选择随机参数 $h \in Z_{p-1}^*$，计算 $\beta = g^r \bmod p$，$m' = mh \bmod (p-1)$，将 (β, m') 发送给 Bob。

（2）Bob 选择随机数 $k \in Z_{p-1}^*$，计算 $r = \beta^k \bmod p$，$s = xr + m'k \bmod (p-1)$，将 (r, s) 作为对消息 m 的签名发送给 Alice。

3. 验证阶段

Alice 验证等式 $g^s = r^m y^r \bmod p$ 是否成立，若等式成立，则 Alice 接收，签名是有效的。

2.4.4　Bind Nyberg-Rueppel 签名过程

假设 $x \in Z_q$ 是签名者的密钥，$h = g^x \bmod p$ 是签名者的公钥，其中 $g \in Z_p^*$，g、q、p 是公开的。

为了从签名者的消息 m 上获得一个 Bind Nyberg-Rueppel 数字签名，验证者或签名接收者需要从下面的式子中获得一对 (r,s)：

$$r = mg^k \bmod p, \quad k \in_R Z_q \qquad (2.10)$$

$$s = xr + r \bmod q \qquad (2.11)$$

以这样的方式使签名者不会了解任何有关 r 或 s 的事情，这可以通过以下过程来实现。

（1）签名者选择 $\tilde{k} \in Z_q$，计算 $\tilde{r} = g^{\tilde{k}} \bmod p$，并将 $\tilde{r}$ 发送给验证者。

（2）验证者选择 $\alpha, \beta \in Z_q$，计算 $r = mg^\alpha r^{\tilde{\beta}} \bmod p$，$\tilde{m} = r\beta^{-1}$，并将 m 发送给签名者。

（3）签名者计算 $\tilde{s} = \tilde{m}x + \tilde{k}$，然后将 $\tilde{s}$ 转发给验证者。

（4）验证者计算 $s = \tilde{s}\beta + \alpha \bmod q$。

(r,s) 是对消息 m 的签名者的盲签名。通过验证消息 m 的签名 (r,s) 来达到验证的目的：

$$g^{-s}h^\gamma r = mg^{-\tilde{s}\beta + xr + \tilde{k}\beta + \alpha} = mg^{-\tilde{m}x\beta - \tilde{k}\beta + xr + \tilde{k}\beta} = m \bmod p \qquad (2.12)$$

此外，因为 α 和 β 是随机选择的，所以签名者不会了解关于 (r,s) 的任何内容。对于给定的签名 (r,s)，存在且只有唯一的 α 和 β。因此，对于每个签名者的签名，验证者只能生成一个盲签名。关于该方案的安全性的详细讨论可以在文献[20]中找到。

关于盲签名的具体应用实例将会在 4.5 节中详细介绍，这里就不再详细介绍了。

2.5　环签名技术及其应用实例

环签名的概念由 Rivest 和 Shamir 在 2001 年提出[21]。环签名可以被看做一种特殊的群签名，既没有可信中心也没有群的建立过程，对于验证者来说签名人是完全匿名的。它指定了一组可能的签名者，使其在众多可能的签名者中不能确定真实的签名者，使签名者具有匿名性。但无条件匿的环签名为犯罪分子提供了机会。相反，类似的群签名的缺点是组织管理者有绝对的权力来撤销签名人的身份。环签名由于它的自发性、无条件匿名性和群特性，可以把现有的环签名方案归纳为门限性、关联性、可撤销性、可否认性等。

2007 年，Xiong 等[22]提出了一种公平的电子拍卖协议，其基于依靠环签名思想的有效组签名方案和同态公钥密码体制的组合加密，目的是为签名者提供匿名的方式。2009 年，Xiong 等[23]又提出了一种基于环签名的匿名密闭电子拍卖。运用基于环签名技术和加密密钥链验证技术的电子竞标电子拍卖协议，其协议的特殊特征是投标人的不可否认性，但保留其匿名性，并允许拍卖人确定赢得投标而不泄露投标，且设计的协议具有诸如公共的附加特征：可验证性、不可伪造性、正确性和公平性。随后在 2012 年 Xiong 等又提出了一种高效和基于可撤销的环签名的自发隐私保护英格兰式拍卖协议，可以有效地驱逐恶意投标人而不是维护黑名单或更新公共信息，并在一定程度上降低了通信的复杂度[24]。2013 年，Chang 等发现 Xiong 等在 2012 年提出的设计方案具有设计上的弱点，容易受到拒绝服务攻击[25]。此外，在实际的电子拍卖系统中，如 Yahoo!和 eBay，用户不仅可以充当投标人的角色，还可以发挥拍卖人的作用。考虑到拍卖人安全产品现货流程讨论的重要性，Chang 设计了一种改进方案：采用有条件的匿名环签名理念，保证密封竞价电子拍卖的安全要求，具有安全货架机制的新型电子拍卖系统。在该系统中，只有当他们在代理中心注册时，用户可以自由地参与或主办拍卖。分析表明，该拍卖系统不仅解决了 Xiong 等所提计划的问题，而且提供了更多安全性更高的功能。Li 等在 2014 年提出了一种没有第三方的密闭电子拍卖[26]。以往的电子密封拍卖方案通常有共同的缺点，第三方（拍卖主持人）可以与恶意投标人串谋，在投标之前泄露所有招标价格，导致恶意投标人以最佳投标价格赢得拍卖。而 Li 等提出的没有第三方的密封投标拍卖方案解决了这个缺点。该方案采用有条件的匿名环签名理念，保证密封竞价电子拍卖的安全要求。

本节主要介绍环签名的定义、环签名的安全要求与特性，以及环签名技术在电子拍卖中的应用。

2.5.1　环签名的定义

定义 1：假定有 n 个用户，每一个用户 u_i 拥有一个公钥 y_i 和与之对应的私钥

x_i。环签名是一个能够实现签名者无条件匿名的签名方案，它主要由下述算法组成。

（1）生成 Gen 。采用概率多项式时间（PPT）算法，输入为安全参数 k，输出为公钥和私钥。这里假定 Gen 为每一个用户 u_i 产生一个公钥 y_i 和私钥 x_i，并且不同用户的私钥可能来自不同的公钥体制，如来自 RSA 。

（2）签名 Sign 。采用 PPT 算法，在输入消息 m 和 n 个环成员的公钥 $L = \{y_1, y_2, \cdots, y_n\}$ 以及其中一个成员的私钥 x_s 后，对消息 m 产生一个签名 R，其中 R 中的某个参数根据一定的规则呈环状。

（3）验证 Verify 。采用确定性算法，在输入 (m, R) 后，若 R 为 m 的环签名则输出 "True"，否则为 "False"。

环签名因为其签名隐含的某个参数按照一定的规则组成环状而得名。而在之后提出的许多方案中不要求签名的构成结构呈环形，只要求签名满足自发性、匿名性和群特性。

2.5.2 环签名的安全要求与特性

一个好的环签名必须满足以下安全性要求。

（1）无条件匿名性。攻击者即使非法获取了所有可能签名者的私钥，他能确定出真正的签名者概率不超过 $1/n$，这里 n 为环成员（可能签名者）的个数。

（2）不可伪造性。攻击者在不知道任何成员私钥的情况下，即使能够从一个产生环签名的随机语言者那里得到任何消息 m 的签名，他成功伪造一个合法签名的概率也是可以忽略的。

（3）环签名具有良好的特性。可以实现签名者的无条件匿名；签名者可以自由制定自己的匿名范围；构成环形逻辑结构；可以实现群签名的主要功能且无须可信的第三方或群管理员。

2.5.3 环签名技术在电子拍卖中的应用

2007 年，Xiong 等提出了公平的电子拍卖协议，它依靠环签名思想的有效组签名方案和同态公钥密码体制的组合加密，为签名者提供了匿名的方式。因此，基于环签名的密封投标电子拍卖方案具体实现如下。

该方案使用两种经理（RM 和 AM）来消除一个强大的单一权威能力。每个经理的角色如下。

（1）RM：

①处理投标人注册（登记）；

②管理公告栏系统（BBS），BBS 公布公钥列表［包括同态加密公钥密码系统（E_{RM}, D_{RM}）的公钥 E_{RM}］和哈希函数；

③有自己的密钥 s_{RM} 和公钥 y_{RM}。

（2）AM：

①验证投标的有效性；

②和 RM 计算赢家的投标，当投标人被否决时，与 RM 合作撤销投标人的身份；

③有自己的密钥 s_{AM} 和公钥 y_{AM}。

为更好地说明该方案，给出如下参数定义。

n：投标人的数量。

i：投标人的索引。

B_i：任意投标人 i 且有自己的密钥 s_i 和公钥 $y_i = g^{s_i} \bmod p$。

p, q：大素数且 $<g>$ 是 Z_p^* 的一个子群（一个 q 阶 $g \in Z_p^*$ 的生成元）。

$\{x\}s_i$：用密钥 s_i 在 x 上签名。

$\{x\}y_i$：用密钥 y_i 加密 x。

$L = \{y_1, y_2, \cdots, y_n\}$：$n$ 个相应投标人的公钥，且 $\text{Encode}(x, L) = e_x = [\{x\}_{y_1}, \{x\}_{y_2}, \cdots, \{x\}_{y_d}]$，$\text{Decode}(e_x, s_k, L) = i = \{e_x[i]\}_{s_k}$。

$a_{i,l}a_{i,l-1}, \cdots, a_{i,0}$：$B_i$ 的竞价价格的二进制表示。

$\text{SE}_K(\cdot)$：对称加密系统。

提出的方案如下。

1. 注册

投标人 B_i 计算 $p_i = g^{r_i} \bmod p$，且 r_i 是随机选取的。并将 (y_i, p_i) 发送给 AM 并

保密对应的 s_i 和 r_i。然后，AM 用相应的 (y_i, p_i) 公开 B_i、p、q、g、$SE_k(\cdot)$ 和一个公共的哈希函数 $H : \{0,1\}^* \to Z_q$。

B_i 选择一些公共密钥 y_i（包括自己的密钥），因为希望从 AM 来构建 $L = \{y_1, y_2, \cdots, y_d\}$，并为对称密码体系 $SE_k(\cdot)$ 选择密钥 h。

注册过程如下：

（1） $B_i \to AM : \{h, L\}_{y_{AM}}$；

（2） $AM \to RM : \{[\{h, L\}_{y_{AM}}]_{s_{AM}}\}_{y_{RM}} = \{h, L\}_{y_{RM}}$；

（3） $RM \to AM : SE_h[\{Encode(r_{RM}, L)\}_{s_{RM}}, \{p_1^{r_{RM}}, p_2^{r_{RM}}, \cdots, p_d^{r_{RM}}\}_{s_{RM}}]$；

（4） $AM \to B_i : SE_h[\{Encode(r_{AM}, L)\}_{s_{AM}}, \{Encode(r_{RM}, L)\}_{s_{RM}}]$。

由此，在（1）中，B_i 通过匿名连接（onion router 或 mixnets）发送该项目。此外，$r_{RM} \in Z_q^*$ 和 $r_{AM} \in Z_q^*$ 是由 RM 和 AM 对应生成的两个随机数。在（4）中，B_i 利用 $Decode(e_{r_{AM}}, s_k, L)$ 和 $Decode(e_{r_{RM}}, s_k, L)$ 从 $SE_h[\{Encode(r_{AM}, L)\}_{s_{AM}}, \{Encode(r_{RM}, L)\}_{s_{RM}}]$ 获得 r_{AM} 和 r_{RM}。

2. 投标的加密

首先，RM 生成和发布 Δ-通用的哈希函数和它的公钥：$k(H : k \times \{0,1\}^* \to \{0,1\}^{k'})$。然后，AM 随机选择 $k_i \in k, t_1^A \in \{0,1\}^{k'}, x_{i,j}, x_{i,1}, v_{i,j} \in X$，$v_{1,j} = v_{2,j} = \cdots = v_{n,j}$ 并生成 k' 位素数 P_i^A 且满足 $\lambda(t_i^A) = P_i^A$，此外选择满足 $m_i^A S$-隐藏 P_i^A 的 $m_i^A \in \{0,1\}^{k'}$。然后 AM 计算 $\delta_{i,j}^A = H_k(k_i, x_{i,j} + v_{i,j}) \oplus t_i^A$，并通过一个匿名连接发送给 B_i。最后，B_i 计算 $y_{i,j}^A = E_{RM}(u_{i,j}, x_{i,j} - x_{i,j+1} + a_{i,j}v_{i,j}), y_{i,j}^B = E_{RM}(u'_{i,j} - a_{i,j}v_{i,j})$。

3. 投标

由 B_i 在消息 $m_o = y_{i,j}^A \| y_{i,j}^B$ 上产生签名的过程如下：

（1） $\alpha \xleftarrow{R} Z_q, c_{i+1} = H(m_o, g_i^\alpha \bmod p)$；

（2） for $j = k+1, \cdots, d, 1, \cdots, k-1$, do $e_j \xleftarrow{R} Z_q$ 和 $c_{j+1} \leftarrow H(m_o, g_i^{ej}(p_i^{r_{AM}r_{RM}} y_j)^{c_j} \bmod p)$；

（3） $e_k \leftarrow \alpha - (r_i r_{AM} r_{RM} + s_i)c_i \bmod q$；

（4） return $\sigma = (h, m_o, L, p_i^{r_{AM}r_{RM}}, c_1, e_1, e_2, \cdots, e_d)$。

由此，p_i 是由 B_i 生成的，随机数 r_{AM}、r_{RM} 是从 AM 和 RM 在注册过程中对应发送的。然后 B_i 把签名 σ 和 $m_0 = y_{i,j}^A \parallel y_{i,j}^B$ 发送给 AM。

本节签名确认如下：

（1）$p_i^{r_{AM},r_{RM}}$ 校验：AM 从 $SE_h(\{Encode(r_{AM},L)\}_{s_{AM}}, \{p_1^{r_{RM}}, p_2^{r_{RM}}, \cdots, p_d^{r_{RM}}\}_{s_{RM}})$ 中找出 $\{p_1^{r_{RM}}, p_2^{r_{RM}}, \cdots, p_d^{r_{RM}}\}$ 并计算 $\{(p_1^{r_{RM}})^{r_{AM}}, (p_2^{r_{RM}})^{r_{AM}}, \cdots, (p_d^{r_{RM}})^{r_{AM}}\}$，如果 $p_i^{r_{AM}r_{RM}} \in \{(p_1^{r_{RM}})^{r_{AM}}, (p_2^{r_{RM}})^{r_{AM}}, \cdots, (p_d^{r_{RM}})^{r_{AM}}\}$，继续进行步骤（2），否则返回"Reject"；

（2）验证环方程：for $j=1,2,\cdots,d, c_{j+1} \leftarrow H(m_o, g_i^{e_j}(p_i^{r_{AM}r_{RM}} y_j)^{c_j} \bmod p)$，如果 $c_{d+1} = c_1$，则返回"Accept"，否则返回"Reject"。

4. 公开赢家标

首先，AM 选择 n 个随机排列 $\pi_1, \pi_2, \cdots, \pi_n$，并且设 $i_{max}=1$。当 $i=2,\cdots,n$ 时，$z_{\pi_i,\pi_{i_{max}},j} = y_{\pi_i,j}^A y_{\pi_{i_{max}},j}^B, z_{\pi_{i_{max}},\pi_i,j} = y_{\pi_{i_{max}},j}^A y_{\pi_i,j}^B, j\in[0,l-1]$。然后，AM 发送 $x_{\pi_{i_{max}},l}$，$z_{\pi_i,\pi_{i_{max}},j}$，$z_{\pi_{i_{max}},\pi_i,j}, \delta_{\pi_{i_{max}},j}^A, \delta_{\pi_i,j}^A, m_{\pi_i}^A, m_{\pi_{i_{max}}}^A$ 给 RM。

RM 任意选择 $g_{\pi_i}^A$，$g_{\pi_{i_{max}}}^A$，并且设 $x_{\pi_i,1}=d_{\pi_i,1}$，$x_{\pi_{i_{max}},1}=d_{\pi_{i_{max}},1}$，当 $j\in[0,l-1]$ 时，RM 执行以下操作：

（1）$d_{\pi_i,j} = d_{\pi_i,j+1} + D_{RM}(z_{\pi_i,\pi_{i_{max}},j})$，$d_{\pi_{i_{max}},j} = d_{\pi_{i_{max}},j+1} + D_{RM}(z_{\pi_i,i_{max},\pi_i,j})$；

（2）$q_{\pi_i,j}^A = \lambda(H_k(k_{\pi_i}, d_{\pi_i,j}) \oplus \delta_{\pi_i,j}^A)$，$g_{\pi_i,j}^A = (g_{\pi_i,j+1}^A)^{q_{\pi_i,j}^A} \bmod m_{\pi_i}^A$；

（3）$q_{\pi_{i_{max}},j}^A = \lambda(H_k(k_{\pi_{i_{max}}}, d_{\pi_{i_{max}}}) \oplus \delta_{\pi_{i_{max}},j}^A)$，$g_{\pi_{i_{max}},j}^A = (g_{\pi_{i_{max}},j+1}^A)^{q_{\pi_{i_{max}},j}^A} \bmod m_{\pi_{i_{max}}}^A$。

RM 先选择 $r_{\pi_i}^A \in Z_{m_{\pi_i}^A}, r_{\pi_{i_{max}}}^A \in Z_{m_{\pi_{i_{max}}}^A}$，然后计算并发送 $h_{\pi_i}^A = (g_{\pi_i,0}^A)^{r_{\pi_i}^A} \bmod m_{\pi_i}^A$，$h_{\pi_{i_{max}}}^A = (g_{\pi_{i_{max}},0}^A)^{r_{\pi_{i_{max}}}^A} \bmod m_{\pi_{i_{max}}}^A$ 给 AM。

之后，AM 校验 $p_{\pi_i}^A$ 是否准确地区分了 $h_{\pi_i}^A$，也就是说，$(h_{\pi_i}^A)^{\frac{\varphi(m_{\pi_i}^A)}{p_{\pi_i}^A}} = 1 \bmod m_{\pi_i}^A$ 是否为真。如果正确，那么 $a_{\pi_i} > a_{\pi_{i_{max}}}$，设 $i_{max}=i, i=i+1$；否则，AM 校验 $p_{\pi_{i_{max}}}^A$ 是否准确地区分了 $h_{\pi_{i_{max}}}^A$，如果正确，$a_{\pi_{i_{max}}} > a_{\pi_i}$，设 $i=i+1$，但 i_{max} 不变，且 $B_{\pi_{i_{max}}}^A$ 是最后的胜者。

第3章 加密技术在电子拍卖中的应用

在电子拍卖中，常常用 ElGamal 加密、Paillier 加密和椭圆曲线加密对数据（可能是投标人的投标值、个人信息等）进行加密，确保电子拍卖的隐私性。

3.1 ElGamal 加密技术及其应用实例

ElGamal 加密算法是 ElGamal 在 1985 年提出的基于离散对数问题的公钥加密算法[19]。该算法主要用于数据的加密，也可以用于数字签名。

随着电子拍卖的兴起，ElGamal 加密方案及其性质广泛地应用在各个安全电子拍卖系统当中[9, 27-39]。2003 年，Wang 等提出了一个具有完全隐私保护的安全双重拍卖协议，为了实现完全的隐私保护，该方案采用同态 ElGamal 加密，并运用扩展的分布式 ElGamal 加密系统，在所有参与者之间分配私钥[32]。Srinath 等在 2011 年提出了一个用于多属性多轮反向拍卖的安全协议[34]。该方案由三个互动方面组成：在线信任第三方（trusted third party，TTP）、拍卖人和投标人。在线 TTP 是从认证机构（CA）获得认证的人，拍卖人是买方，投标人是卖家。TTP 确认并验证投标人和拍卖人的身份；该拍卖人向投标人发出投标钥匙，并安排拍卖会。投标的加密和解密是通过 TTP 的公开和秘密共享以及使用 ElGamal 密码系统的拍卖者的组合密钥来完成的。2016 年，Thapa 等阐述的分散在线社交网络的安全和私人拍卖框架中，在私人拍卖阶段，设计了一个高效的投标人解决的私人拍卖协议[39]。其中，认证的投标人根据指数 ElGamal 密码系统构建公共加密密钥。由于该系统具有很强的安全性和隐私要求，特别地，用户可以以分布的方式加密和解密消息，并且可以保护其隐私免受任何数量的用户的潜在串通。

本节主要介绍 ElGamal 加密技术及其性质、ElGamal 加密系统扩展的分布式版本以及 ElGamal 分布式版本在电子拍卖中的应用。

3.1.1　ElGamal 加密技术及其性质

1. ElGamal 加密技术

ElGamal 加密是公钥加密的一个实例。设 $q, p = 2q + 1$ 是素数，$G = <g> \subset Z_p^*$ 是由 g 生成的 q 阶的循环群，Z_p 表示一组 $0 \sim p - 1$ 的整数，Z_p^* 表示一组 Z_p 中的整数，且素数为 p。密钥是 $x \in Z_g$，对应的公钥是 $g, y = g^x$。ElGamal 加密是基于离散对数问题的假设。换句话说，从 (g, g^x) 中找到 x，在计算上是不可行的。

任何人都可以使用公钥加密消息 $M \in G$，只要使用公钥 $g, y = g^x$，也就是说，选择随机数 $r \in Z_g$ 就可以创建 ElGamal 密文 $E(M) = (A = g^r, B = y^r M)$。

任何人知道密钥 $x \in Z_g$ 便能够解密密文 $E(M) = (A = g^r, B = y^r M)$，即计算 $B / A^x = M$。

可见，ElGamal 体制的密文是不唯一的，这是一种非确定性的加密方式。这种加密算法显然增加了系统的安全性，但是代价是密文扩大了两倍。

举一个非常简单的例子。

公钥：$p = 23, g = 5, y = 2$。

密钥：$x = 2$。

请注意，此设置仅用于显示简单易懂的说明；p 太小并且并从公钥中获得密钥 x 很容易。在标准设置中，p 应该从 768～1024 位素数中选择。

为加密明文 5，如果我们选择随机值 $r = 5$，则得到密文 $E(5) = (g^5, y^5 M) = (5^5 \bmod 23, 2^5 \times 5 \bmod 23) = (20, 22)$。对于解密 $E(5) = (29, 22)$，我们可以得到 $22 / 20^2 \bmod 23 = 22 / 9 \bmod 23 = 5$。

2.　ElGamal 性质

不可区分的加密：在 ElGamal 加密中，密文 $E(M)$ 是用随机数 r 创建的，因此，如果同一个明文使用不同的随机数进行两次加密，这两个密码文本看起来完全不同，我们无法知道原始的明文是否相同或者没有解密。

例如，如果选择随机值 $r = 6$ 加密纯文本 5，可以得到密文 $E(5) = (g^6, y^6 M) =$

$(5^6 \bmod 23, 2^6 \times 5 \bmod 23) = (8, 21)$。这个密文看起来完全不同于另一个密文 $E(5) =$ $(20, 22)$。

正式地，假设决策 Diffie-Hellman(DDH) 问题[40]是可行的，那么 ElGamal 加密是无法区分的加密。更具体地说，从 $(M_o, M_1, E(M_b))(b \in \{0,1\})$ 中不可能找到 $b \in \{0,1\}$ 的概率大于 0.5。这意味着密文 $E(M)$ 没有泄露纯文本 M 的信息。

同态性：如果 $E(M_1)E(M_2) = E(M_1 M_2)$ 成立，则加密 E 是同态的。如果定义了密文 $E(M_1) = E(A_1 B_1)$ 和 $E(M_2) = E(A_2 B_2)$ 的乘积 $E(M_1)E(M_2) = (A_1 A_2, B_1 B_2)$，则 ElGamal 加密 E 是同态加密。通过这个属性，我们可以在不解密的情况下取两个密文的乘积来得到两个明文的乘积。

例如，给定 $E(5) = (20, 22)$ 和 $E(5) = (8, 21)$，可以得到 $E(5 \times 5 \bmod 23 = 2) =$ $(20 \times 8 \bmod 23, 22 \times 21 \bmod 23) = (22, 2)$。注意，这个操作可以在不解密这些密文的情况下完成。通过解密（22, 2），可以得到 $2 / 22^2 \bmod 23 = 2 / 1 = 2$。

随机化：在 ElGamal 加密中，可以从原始密文 $E(M) = (Ag^s, By^s)$ 用随机值 s 创建一个新的随机密文。这等价于 $E(1) = (g^s, y^s)$ 和 $E(M)$ 的乘积。如果我们假设 DDH 问题是不可行的，无法确定密文是否是原始密文的随机密文。例如，给定 $E(5) =$ $(20, 22)$ 和 $E(1) = (9, 12)$，其中 $r = 10$，得到的乘积是 $E(5)E(1) = E(5) = (20 \times 9 \bmod 23,$ $22 \times 12 \bmod 23) = (19, 11)$。$E(5) = (20, 22)$ 和 $E(5) = (19, 11)$ 看起来完全不同，所以我们不知道原始的明文是否相同或不解密它们。

3.1.2　ElGamal 加密系统扩展的分布式版本

ElGamal 加密系统可以扩展为如下分布式版本，用户可以以一种分布式的方式对消息进行加密和解密，从而保护隐私，避免任何数量的用户潜在的合谋。接下来介绍如何对 ElGamal 密码系统进行分布式加密和解密[41]。

分布式密钥生成：设 p 和 q 是两个大的强素数，有 $p = 2q + 1$。设 G_q 表示一个足够大的 q 阶的 Z_p^* 的乘法子群。参与分布式密钥生成的每个用户 v_i 选择一个随机数 $x_i \in G_q$ 作为他的私人密钥，并公开 $y_i = g^{x_i} \bmod p$ 作为他的公共密钥。分布式加密的公钥是 $y = \prod_{i=1}^{n} y_i = g^{\sum_{i=1}^{n} x_i} \bmod p$。

分布式加密：用户可以使用公钥 y 加密消息 m，生成的密文是 $\langle\alpha,\beta\rangle = \langle g^r, g^m y^r\rangle$。

分布式解密：所有参与公钥生成的用户都需要合作解密加密后的消息。具体来说，如果 $\langle\alpha,\beta\rangle = \langle g^r, g^m y^r\rangle$ 是加密的消息，那么每个用户都会发布 $\alpha_i = \alpha^{x_i}$。原始消息可以通过用户计算 $\dfrac{\beta}{\prod\limits_{i=1}^{n}\alpha_i} = \dfrac{g^m y^r}{g^{\left(\sum\limits_{i=1}^{n}x_i\right)r}}$ 来恢复。

3.1.3　ElGamal 分布式版本在电子拍卖中的应用

Wang 等在 2003 年[32]设计提出一个具有完全隐私保护的安全双向拍卖协议，为了实现完全的隐私保护，该方案采用同态 ElGamal 加密，并运用扩展的分布 ElGamal 加密系统，在所有参与者之间分配私钥。其具体的应用过程如下。

（1）安全的双向拍卖方案。

该拍卖机制使用 ElGamal 分布式版本的加密算法以及几个零知识证明，如 Schnorr 的一个离散对数的证明[41]和 Chaum 等的平等的离散对数的证明[42]等，从而提出一个安全的双向拍卖方案。该安全双向拍卖协议完整的隐私保护基于 McAfee[43]协议。

（2）双向方案中的信任假设和框架。

该方案不做任何特殊的信任假设，无论卖家还是买家都不应该相信任何第三方，并且预料到一些卖家/买家群可能会和拍卖行合谋。该方案协议的核心思想是将信任和计算分配给卖家和买家。因为所有卖家、买家和拍卖行显然不可能像一个团体一样串通起来（否则拍卖是不必要的，而且应该使用合作资源拍卖协议），拍卖参与者之间存在竞争，我们只需要确保没有任何敏感信息可以被检索到，除非所有卖家/买家与其他人分享他们的信息。因此可以实现完整的隐私保护。

安全双向拍卖方案的框架可以概括如下。首先，拍卖人发布商品的描述、注册截止日期、报价估值范围，并描述了有多少可能的报价估值分布在范围之内。其次，那些感兴趣的买家/卖家在注册的最后期限前将他们的 ID 发布在一个开放的公告栏上。最后，参与者共同计算赢家（即有资格交易的买家/卖家）以及交易价格。

（3）分布式 ElGamal 加密。

首先，所有参与者以分布式的方式共同产生 ElGamal 加密系统。即每个参与者独立选择任意数 S_i，然后计算并发布 $h_i = g^{s_i} \bmod p$ 以及 $h_i's$。系统公钥被计算为 $H = \prod_i h_i \bmod p$，相应的私钥为 $S = \sum_i s_i$。这就是所谓的分布式密钥生成。解密密文 $\{x, y\} = \{g^a (\bmod p), H^a m (\bmod p)\}$，所有参与者需要共同执行分布式解密。也就是说，每个参与者分别计算和发布 $x_i = x^{s_i} \bmod p$ 并证明它的正确性。然后可以通过计算 $\dfrac{y}{\prod_i x_i} = \dfrac{H^a m}{g^{a\left(\sum_i s_i\right)}} = \dfrac{\left(\prod_i g^{s_i}\right)^a m}{g^{a\left(\sum_i s_i\right)}} = m \bmod p$ 恢复明文。

该安全双向拍卖协议是根据 McAfee 的协议（下面称为 PMD 协议）[9]提出的，它是早期的主导战略激励兼容的双重拍卖协议之一。

这里首先简单回顾 PMD 协议。设 $b_1, b_2, \cdots, b_m$ 是 m 个买家的投标，$s_1, s_2, \cdots, s_n$ 为 n 个卖家的询价。定义

$$b_{(1)} \geqslant b_{(2)} \geqslant \cdots \geqslant b_{(m)} \text{和} s_{(1)} \leqslant s_{(2)} \leqslant \cdots \leqslant s_{(n)}$$

注意买家和卖家的反向顺序：我们使用 (i) 作为第 i 个买家最高的投标和第 i 个卖家最低的询价。选择 k 使得 $b_{(k)} \geqslant s_k$ 和 $b_{(k+1)} < s_{(k+1)}$ 成立。显然，对于（1）～（k），买方的出价大于卖方的询价，所以最多有 k 个交易是可行的。定义 $p_0 = \dfrac{1}{2}(b_{(k+1)} + s_{(k+1)})$。如果 $p_0 \in [s_{(k)} + b_{(k)}]$，（1）～（$k-1$）的买家/卖家以价格 p_0 进行交易。如果 $p_0 \notin [s_{(k)} + b_{(k)}]$，只有（1）～（$k-1$）的买家/卖家可以交易：每个买家支付 $b_{(k)}$，每个卖家获得 $s_{(k)}$。在第二种情况下，由于买家的出价 $b_{(k)}$ 高于卖家的询价 $s_{(k)}$，剩余金额 $(k-1)(b_{(k)} - s_{(k)})$。通常认为，拍卖人接收这笔钱。

现在提出一个基于 PMD 协议与隐私保护安全双向拍卖协议。假设在一个双向拍卖市场有 m 个买家、n 个卖家和 K 个可能提供的价格，记为 $p_1, p_2, \cdots, p_k$，满足 $p_1 < p_2 < \cdots < p_k$ 和 $p_i = p_1 + (i-1)$。所有买家和卖家首先如前面所述以分布式方式生成 ElGamal 加密算法的公钥。即每个买家/卖家分别任意选择 $sb_j (1 \leqslant j \leqslant m)$ 和

$ss_j(1 \leq j \leq n)$ ，并 发 布 $h_j = g^{sb_j} \bmod p$ 和 $h_j = g^{ss_j} \bmod p$ 。 公钥是 $H = \prod_{i=1}^{n} h_i$

$\prod_{j=1}^{m} h_j \bmod p$ ，私钥是 $S = \sum_{i=1}^{n} sb_i + \sum_{j=1}^{m} ss_j$ 。 注意， $sb_j(1 \leq j \leq m)$ 和 $ss_j(1 \leq j \leq n)$ 是

由买方和卖方分别保密的，并且由于他们之间存在利益冲突，他们从不分享他们的信息。因此，除非所有的买家和卖家合谋，否则 S 不能被检索。

计算公钥 H 后，买家/卖家以具体形式如文献[28]产生他们的投标/请求，对于买家，投标 $b_j(1 \leq j \leq m)$ 代表价格 $p_t(1 \leq t \leq K)$ ，是 K ElGamal 加密文本 $[E(z)$ 或 $E(1)]$ 的一个向量（为了清楚，我们省略了公式中的 p 的模块介绍）：

$$b_j = \underbrace{(b_{(j,1)}, b_{(j,2)}, \cdots, b_{(j,t)})}_{t} \underbrace{(b_{(j,t+1)}, \cdots, b_{(j,K)})}_{K-t}$$

其中

$$b_{(j,w)} = \begin{cases} E(2) = (g^{\delta(j,\varpi)}, H^{\delta(j,\varpi)} \cdot 2), & 1 \leq \varpi \leq t \\ E(1) = (g^{\delta(j,\varpi)}, H^{\delta(j,\varpi)} \cdot 1), & 1 \leq \varpi \leq K \end{cases}$$

$\delta_{(j,w)}(1 \leq \varpi \leq K)$ 是由买方 B_j 任意选择的 K 个数字。注意， $\delta_{(j,w)}$ 应该是任意选择的，所以由于 ElGamal 加密系统的概率性质，投标向量 b_j 中的 K 个元素彼此不可区分。与买家的定义类似，对于卖家，询问卖方 $a_i(1 \leq i \leq n)$ 代表价格 $p_t(1 \leq i \leq K)$ ，也是一个 K ElGamal 加密文本向量：

$$a_i = \underbrace{(a_{(i,1)}, a_{(i,2)}, \cdots, a_{(i,t-1)})}_{t-1} \underbrace{(a_{(i,t)}, \cdots, a_{(i,K)})}_{K-t+1}$$

其中

$$a_{(i,w)} = \begin{cases} E(1) = (g^{\gamma(i,\varpi)}, H^{\gamma(i,\varpi)} \cdot 1), & 1 \leq \varpi \leq t-1 \\ E(2) = (g^{\gamma(i,\varpi)}, H^{\gamma(i,\varpi)} \cdot 2), & 1 \leq \varpi \leq K \end{cases}$$

$\gamma_{(i,\varpi)}(1 \leq \varpi \leq K)$ 是 K 个数据，由卖方 S_i 任意选择（注意 a_i 中倒序的元素）。

接下来，买家/卖家发布他们的出价 sb_j 和询价 sa_i 。为了公开验证，每个买家/卖家必须证明他出价和询价的正确性，即适合描述的形式（以零知识的方式，零知识证明会在后面内容详细阐述，这里不做介绍）。

拍卖人然后公开地计算所有出价 sb_j 向量的分量乘积，并分别询问向量 sa_i 。这里只提供买方的计算，卖家是相似的。

对所有的产品 b_j：

$$\prod_{j=1}^{m} b_j = \left(\prod_{j=1}^{m} b_{(j,1)}, \cdots, \prod_{j=1}^{m} b_{(j,K)} \right) = (B^{(1)}, B^{(2)}, \cdots, B^{(K)})$$

式中

$$B^{(f)} = \left\{ \prod_{j=1}^{m} (g^{\delta_{(j,f)}}), 2^{n_{(b,f)}} \prod_{j=1}^{m} H^{\delta_{(j,f)}} \right\}$$

$$= \left\{ g^{\sum_{j=1}^{m} \delta_{(j,f)}}, 2^{n_{(b,f)}} H^{\sum_{j=1}^{m} \delta_{(j,f)}} \right\}$$

$$= \{ g^{\Omega}, 2^{n_{(b,f)}} H^{\Omega} \}$$

$\Omega = \sum_{j=1}^{m} \delta_{(j,f)}$。为了计算 $n_{(b,f)}(1 \leqslant f \leqslant K)$（也就是说，买家的投标的数量等于或高于 p_f），所有买家/卖家对 $B^{(f)}$ 执行分布式 ElGamal 解密。也就是说，每个买家 B_j 计算和发布 $x_{B_j} = (g^{\Omega})^{sb_j}$ $(1 \leqslant i \leqslant n)$，并且每个卖家 s_i 分别计算和发布 $x_{S_i} = (g^{\Omega})^{ss_i}$ $(1 \leqslant i \leqslant n)$。拍卖人计算：

$$\frac{2^{n_{(b,f)}} H^{\Omega}}{\prod_{i,j} x_{B_j} x_{S_i}} = \frac{2^{n_{(b,f)}} \cdot H^{\Omega}}{g^{\Omega\left(\sum_i ss_i + \sum_i sb_j\right)}} = \frac{2^{n_{(b,f)}} g^{\Omega\left(\sum_i ss_i + \sum_i sb_j\right)}}{g^{\Omega\left(\sum_i ss_i + \sum_i sb_j\right)}} = 2^{n_{(b,f)}}$$

拍卖人可以获得 $n_{(b,f)}$。然后，双重拍卖市场的总需求可以推导如下：

$$\begin{cases} N_{(b,pK)} = n_{(b,K)} \\ N_{(b,pf)} = n_{(b,f)} - n_{(b,f+1)} \end{cases}, \quad 1 < f \leqslant K$$

式中，$N_{(b,pf)}(1 < f \leqslant K)$ 是投标价格等于 p_f 的买家的数量。同样，拍卖人可以计算 $n_{(a,f)}$，这是价格等于或低于 p_f 的卖家的数量。

通过计算：

$$\begin{cases} N_{(a,p1)} = n_{(a,1)} \\ N_{(a,p_f)} = n_{(a,f)} - n_{(a,f-1)} \end{cases}, \quad 1 < f \leqslant K$$

拍卖人获得市场 $N_{(a,p_f)}(1 < f \leqslant K)$ 的总供应。根据 $N_{(b,p_f)}$ 和 $N_{(a,p_f)}$，拍卖人可以总是如 PMD 协议那样列出所有的两个有序序列的报价 $b_{(j)}$ 和询价 $a_{(i)}$，尽管他不知道每个投标/询价实际上是多少。

$$\overbrace{a_{(1)} = \cdots = a_{(N(a,p_1))}}^{N(a,p_1)} < \cdots = a_{(N(a,p_1)+N(a,p_2))}^{N(a,p_2)} < \cdots < \cdots = a_{(N(a,p_1)+\cdots+N(a,p_K))}^{N(a,p_K)}$$

$$\underbrace{b_{(1)} = \cdots = b_{(N(a,p_K))}}_{N(a,p_K)} > \cdots = \underbrace{b_{(N(b,p_K)+N(b,p_{K-1}))}}_{N(b,p_{K-1})} > \cdots > \cdots = \underbrace{a_{(N(b,p_K)+\cdots+N(b,p_1))}}_{N(b,p_1)}$$

式中，$a_{(n)}$ 是卖家最高的询价；$b_{(m)}$ 是买家最低的出价。注意 $\sum_{f=1}^{K} N_{(a,p_f)} = n$，

$\sum_{f=1}^{K} N_{(b,p_f)} = m$。

拍卖人可以获得市场的总需求和供应信息，但却不了解买家/卖家的买卖价格。以下对交易价格的计算和 PMD 协议是一样的。即拍卖行首先选择 t，此时 $a_{(t)} \leq b_{(t)}$ 且 $a_{(t+1)} > b_{(t+1)}$，然后定义了交易价格 $p_0 = \frac{1}{2}(b_{(t+1)} + a_{(t+1)})$ 的候选人。对协议作如下描述。

（1）如果 $p_0 \in [a_{(t)}, b_{(t)}]$，（1）～（$t$）的买家/卖家以价格 p_0 交易。换句话说，那些出价等于或高于 b_t 的买家与那些要求等于或低于 a_t 的卖家进行交易。

（2）如果 $p_0 \notin [a_{(t)}, b_{(t)}]$，只有（1）～($t-1$)的买家/卖家交易，这意味着那些出价等于或高于 $b_{(t-1)}$ 的买家与要求等于或低于 $a_{(t-1)}$ 的卖家进行交易。每个买家支付 $b_{(t)}$，每个卖家获得 $a_{(t)}$。

为了确定获胜者（出价等于或高于某个价格 p_f）并且不透露他们的投标信息，所有买家/卖家对每个投标向量 b_j 的第 f 个元素 $b_{(j,f)}$ 进行分布式 ElGamal 解密，并用 $D(b_{(j,f)}) = 2$ 找到获胜的买家 B_j。以类似的方式可以找到获胜的卖家（询价等于或低于某个价格 p_f）并且不透露他们的询价。也就是说，所有买家、卖家对每个投标向量 a_i 中第 f' 个元素 $a_{(i,f')}$ 进行分布式 ElGamal 解密，并用 $D(a_{(i,f')}) = 2$ 找到获胜的买家 S_i。

3.2　Paillier 加密系统及其应用实例

Paillier 加密系统是 1999 年 Paillier 发明的概率公钥加密系统[44]。该加密系统基于复合剩余类的困难问题。该加密算法是一种同态加密，满足加法同态和数乘同态。

除了 ElGamal 加密方案，Paillier 加密方案及其同态性质也常常应用到安全的
电子拍卖设计当中[28, 33, 38, 45-65]。2008 年，Parkes 等提供了一个实行密封投标拍卖
的实用系统，保留了投标的保密性，同时提供了拍卖的可验证的正确性和可靠
性[48]。2011 年，Srinath 等提出并探讨了多属性反向拍卖的匿名性和可验证性。该
方案中，使用评分功能并运用 Paillier 加密方案及其相关性质（同态性质、不等式
比较），在密文的状态下计算评分函数来决定获胜赢家[52]。同年，Pan 等提出了一
种安全的频谱拍卖，利用 Paillier 密码系统来防止不诚实拍卖人的欺诈以及投标人
与拍卖人之间的串通投标[53]。2015 年，Zhou 等提出了对于广告交易所的一个高
效、隐私保护和可验证的在线拍卖机制；在该方案中考虑到拍卖的可验证性和广
告商的隐私保护，提出了高效、隐私保护可交易的在线拍卖方案（ERA 方案），
利用订单保护加密方案来保护隐私保护，并通过集成认证公告板和基于 Paillier 的
同态加密方案的隐私保护整数比较（privacy-preserving interger comparison，PPIC）
协议来实现可验证性[57]。2016 年，Gao 等设计了一种安全的逆向多属性第一价格
拍卖方案，其中拍卖会由多个拍卖人以投标人的加密出价处理服务器[59]。因此，
拍卖服务器可以确定赢家不知道投标人的真正价值，让出价者的隐私不被揭露。
该方案利用 Paillier 加密方案并构造了基于 Paillier 密码门限机制[65]，以防止知道
密钥的一方解密任意的密文，从而导致参与方隐私泄露的可能性欺诈。

本节主要介绍 Paillier 加密技术、Paillier 加密技术的常用性质及其应用实例、
Paillier 加密技术的等式和不等式比较及其应用实例。

3.2.1　Paillier 加密技术

一个 Paillier 密码系统[44] (G,E,D)，其中，G 为密钥生成算法；E 为加密算法；
D 为解密算法。Paillier 密码体制的工作原理如下。

（1）密钥生成 G：建立 $n = pq$ 和 $\lambda = \mathrm{lcm}(p-1, q-1)$，其中，$p$ 和 q 是两个
大素数，lcm 表示最小公倍数。选择一个随机数字 $g \in Z_{n^2}^{*}$，这样 $\gcd(L(g^{\lambda}$
$\mathrm{mod}\, n^2),\ n) = 1$，$L(\cdot)$ 的函数定义为 $L(k) = (k-1)/n$。公钥和密钥分别是 (n, g) 和
(p, q)。

（2）加密 E：定义 m 为明文，$r \in Z_n^*$ 是一个随机数，密文 c 可表示为 $c = E(m, r) = g^m r^n \bmod n^2$。

（3）解密 D：对于一个密文，对应的明文可以被解密：

$$m = D(c) = \frac{L(c^\lambda \bmod n^2)}{L(g^\lambda \bmod n^2)} \bmod n$$

3.2.2　Paillier 加密技术的常用性质及其应用实例

1. 同态加法

两个密文的乘积将被解密为相应的明文的和，密文的 k 次方会对 k 的乘积和相应的明文进行解密：

$$D(E(m_1, r_1) E(m_2, r_2) \bmod n^2) = (m_1 + m_2) \bmod n$$
$$D(E(m, r)^k \bmod n^2) = km \bmod n$$

式中，n 是两个大素数的乘积，它是对用户公开的；r_1、r_2、r 是随机数。

2. 不可分辨性

如果相同的明文 m 被加密两次，这两个密码文本 $E(m, r_1)$ 和 $E(m, r_2)$ 是完全不同的，没有人能够在没有解密的情况下成功地将其区分为比随机猜测更高的概率。

3. 自我致盲

任何密文都可以公开转换为另一个密文，而不会影响明文。这意味着不知道解密键或原始的明文，一个随机的密码本 $E(m, r')$ 可以从密码本 $E(m, r)$ 中计算。

Paillier 加密的向量。对于一个向量 $x_i = (x_{i1}, x_{i2}, \cdots, x_{ik})$，其密文表示如下：

$$e(x_i) = (e_{i1}, e_{i2}, \cdots, e_{im}) = (E(x_{i1}), E(x_{i2}), \cdots, E(x_{ik}))$$

由于 E 是不可区分的，我们不能在不解密每个元素的情况下确定 x_i 的值。因此，特定元件 $e(x_1) e(x_2)$ 的乘积为

$$e(x_1)e(x_2) = (e_{11}e_{21}, e_{12}e_{22}, \cdots, e_{1k}e_{2k})$$

在一般情况下，有

$$\prod_i e(x_i) = \left(\prod_i e(x_{i1}), \prod_i e(x_{i2}), \cdots, \prod_i e(x_{ik}) \right)$$
$$= \left(\prod_i E(x_{i1}), \prod_i E(x_{i2}), \cdots, \prod_i E(x_{ik}) \right)$$

4. 基于 Paillier 的门限机制

（1）密钥生成算法。选择一个整数 n，为两个强素数 p、q 的乘积，如 $p = 2p'+1, q = 2q'+1, \gcd(n, \varphi(n)) = 1$。建立 $m = p'q'$。设 β 是一个在 Z_n^* 中被选择的随机元素。然后任意选择 $(a,b) \in Z_n^* \times Z_n^*$，建立 $g = (1+n)^a b^n \bmod n^2$。密钥 $\mathrm{SK} = \beta m$ 与 Shamir 共享计划：设 $\mathrm{SK} = \beta m$，在 $\{0, \cdots, nm-1\}$ 随机选择 t 计算 a_i，并建立 $f(X) = \sum_{i=0}^t a_i X^i$。第 i 个服务器 P_i 的共享是 $f(i) \bmod (nm)$。公钥 PK 由 g、n 和 $\theta = L(g^{m\beta}) = am\beta \bmod n$ 组成。使 $\mathrm{VK} = v$ 为在 $Z_{n^2}^*$ 中产生循环组的正方形。确认键 VK_i 是由公式 $v^{\Delta s_i} \bmod n^2$ 得到的。

（2）加密算法。加密一个消息 M，随机选择 $x \in Z_n^*$，并计算 $c = g^M x^n \bmod n^2$。

共享解密算法。第 i 个服务器 P_i 用它的秘密共享 s_i 来计算解密共享 $c_i = c^{2\Delta s_i} \bmod n^2$。它做了一个正确的解密证明，这个解密确保 $c^{4\Delta} \bmod n^2$ 和 $c^{\Delta} \bmod n^2$ 被提升到相同的权限 s_i，以获得 c_i^2 和 v_i。

（3）结合算法。如果小于 t 解密的股票有有效的正确性证明，算法就会失败。否则，让 S 是一组 $t+1$ 有效的股票，计算出明文：

$$M = L\left(\prod_{j \in s} c_j^{2\mu_{0,j}^S} \bmod n^2 \right) \frac{1}{4\Delta^2 \theta} \bmod n$$

式中，$\mu_{0,j}^S = \Delta \prod_{j' \in S \setminus \{j\}} \frac{j'}{j'-j} \in Z, \Delta = \ell!$，$\ell$ 表示服务器的数量。具体细节及应用请参考文献[59]和[65]。

5. Paillier 门限机制的应用实例

这里给出一个基于 Paillier 门限机制的实例，该方案是一种安全的多属性反向拍卖方案。它采用 Paillier 门限同态密码体制和多个服务器，可以防止买方和拍卖服务器之间的阴谋攻击。此外，不经意传输和匿名技术也被用来实现投标人的隐私和匿名。最后，该方案实现了拍卖过程和拍卖结果的公开验证。下面我们具体描述该方案的执行过程。

1）准备工作

（1）分布式多属性反向拍卖模型。

该方案所使用的拍卖模型是分布式多属性逆向拍卖模型，在本书的拍卖模型中有一个买家、n 个分布式的服务器和若干个投标人。每位投标人提供一个长度为 n 的属性向量作为各自的标底：$B_i = \{b_i, \{\alpha_j \mid 1 \leqslant j \leqslant n\}\}(b_i, \alpha_j \in Z_N)$，其中，$b_i$ 是第 i 号投标人提供的价格属性；$\{\alpha_j\}$ 是长度为 j 的非价格属性向量。拍卖模型中使用传统的线性加法函数[34, 52]作为赢家决策的效用函数：

$$\text{Score}_i(b_i, \text{AT}_i) = -b_i + \sum_{j=1}^{n-1} \omega_j \alpha_j$$

或者将价格属性同样赋予权重：

$$\text{Score}_i(\text{AT}_i) = \sum_{j=1}^{n} \omega_j \alpha_j$$

式中，AT_i 代表第 i 号投标人提供的投标属性集合；$\text{Score}_i(b_i, \text{AT}_i) = -b_i + \sum_{j=1}^{n-1} \omega_j \alpha_j$ 代表非价格属性集合；$\text{Score}_i(\text{AT}_i) = \sum_{j=1}^{n} \omega_j \alpha_j$ 代表包含价格属性的属性集合，根据具体使用情况进行区分；ω_j 代表每个属性的权重。这两种线性函数对于拍卖双方利益所产生的差别，不是本节研究的主要目的，因此不在此讨论。待拍卖服务器进行完所有投标人的运算后，买家可以通过下面的公式确定中标者：

$$\arg\max_i(\text{Score}(b_i, \text{AT}_i))$$

（2）不经意传输。

不经意传输将在 4.1 节中详细介绍，这里仅给出算法（表 3.1）。

表 3.1　1-out-of-n 不经意传输协议

协议 1-out-of-n 不经意传输协议（OT_1^n）

系统参数输入：协议参数 (g,h,G_q)；

发送者 Alice 输入：$s_1,s_2,\cdots,s_n \in G_q$；

接收者 Bob 输入选择：$\varepsilon \in [1,n]$；

Bob 从 $\{s_i\}$ 中接收一个指定元素且无法得到其他元素；Alice 无法得知 ε；

（1）Bob 将含有 ε 的信息发送给 Alice，即 $y = g^r h^\varepsilon, r \in_R Z_q$；

（2）Alice 返回一个应答集合 $\{c_j\}$，其中 $c_j = (g^{t_j}, s_j(y/h^j)^{t_j}), t_j \in_R Z_q, 1 \leq j \leq n$；

（3）当接收到 $\{c_j\}$ 后，Bob 取出 $c_\varepsilon = (d,f)$，然后计算 $s_\varepsilon = f/d^r$。

（3）Paillier 加密体制及其门限机制。

Paillier 加密体制具体如下。

密钥生成：假设 $n = pq$ 是 RSA-模数，即 p、q 是强素数。选择 $\lambda = \mathrm{lcm}(p-1, q-1)$ 及随机整数 g 满足 $\gcd(L(g^\lambda \bmod n^2),n)=1$，其中 $L(\mu) = \dfrac{\mu-1}{n}$，则有公钥为 (n,g)，私钥为 (λ,μ)。

加密：设需要加密的明文为 $m \in Z_n$，选择 $r \in_R Z_n^*$，则得到 m 的密文为 $c = g^m r^n \bmod n^2$。

解密：明文 $m = \dfrac{L(c^\lambda \bmod n^2)}{L(g^\lambda \bmod n^2)} \bmod n$。

加法同态性：假设有两个明文 m_1、m_2，其 Paillier 加密对应的密文为 $E(m_1)$、$E(m_2)$，它们满足如下关系：

$$D(E(m_1,r_1) \times E(m_2,r_2) \bmod n^2) = (m_1 + m_2) \bmod n$$

此外，Paillier 密码体制还有另外一条同态特性：

$$D(E(m_1)^k \bmod n^2) = km \bmod n$$

门限 Paillier 同态密码体制具体如下。

密钥生成算法：D 通过运行该算法首先生成公钥和私钥 (PK,SK)，每个协议参与者 U_i 都可以得到私钥 SK 的一部分 sk_i。该算法结束后，D 退出协议。

加密算法：任何一个私钥持有者都可以利用公钥 PK 将明文 M 加密，输出密文 c。

解密算法：所有参与者都用其部分私钥sk_i对c进行"解密"，获得一个"解密"结果c_i并且生成一个其操作正确性证明$proof_i$。

组合算法：假设至少有$c_1, \cdots, c_t$个$proof_i$被验证为正确的$(t \leqslant n)$，可以通过拉格朗日插值恢复原始的明文M。

2）方案的提出

在初始化阶段，买方需要公布商品的要求和相应的非价格属性权重$\{\omega_i\}_{i \in [1,l]}$。设集合$\{\alpha_j\}_{1 \leqslant j \leqslant l}$是一个长度为$l$的属性向量，其中包括如价格、重量等属性值。另外设置一个可信的第三方作为门限 Paillier 同态方案的密钥生成及分发者，记为D。接下来，D开始进行门限 Paillier 加密的初始化。

（1）D生成$n = pq$满足$\gcd(n, \varphi(n)) = 1$，其中p和q为两个强素数，此外$p = 2p'+1, q = 2q'+1, p'$和q'为两个大素数。设$m = p'q'$，随机生成$\beta \in_R Z_n^*$，则有密钥$SK = \beta m$，将其按照 Shamir 秘密分享在所有拍卖服务器中进行广播：$f(X) = \sum_{i=0}^{t} a_i X^i$，其中$a_0 = \beta m, a_i \in [0, nm-1]$。将子密钥按照对应编号发送给$l$个拍卖服务器$\{P_l\}$，$P_i$获得的子密钥为$s_i = f(i) \bmod nm$。分发完成后，SK 可以被销毁。

（2）随机选择$(a,b) \in Z_n^* \times Z_n^*$，令$g = (1+n)^a b^n \bmod n^2$，则公钥 PK 由$(g, n, \theta)$构成，其中$\theta = L(g^{m\beta}) = am\beta \bmod n$，之后由$D$通过广播信道发送给所有投标人。

（3）令$VK = v$为$Z_{n^2}^*$中平方数组成的循环群的生成元，$\bar{v} = v^{\Delta} \bmod n^2$，验证密钥$VK_i = \bar{v}^{s_i} = v^{\Delta s_i} \bmod n^2$，其中$\Delta = l!$，然后通过广播信道公开 VK 和$VK_i$$(1 \leqslant i \leqslant l)$。

此外，匿名技术也被用来模糊投标人的真实身份 UID[66]，我们可以得到一个匿名身份$PID = E_{PK}(UID \| Pad) \| PK \| n$。Pad 填充是一个随机填充位，买方指定的位置填充一定的长度。PID 的安全性和唯一性在文献[66]进行了详细阐述和讨论。PID 将在广播频道中发送。

在投标阶段，当接收到公钥后，投标人先对自己标底中的价格属性和所有非价格属性进行 Paillier 加密：$E_{PK}(-b_i) = -g^{b_i} r_1^n \bmod n^2$及$e_j = E_{PK}(\alpha_j) = g^{\alpha_j} r_2^n \bmod n^2$，其中$r_1$、$r_2 \in_R Z_n^*$。使用$OT_1^n$不经意传输加密属性值。另外，对于拍卖服务器$P_{i \in [1,l]}$：

P_i 随机地选择一个下标 k，然后将 $y = g^r h^k$ 发送给匿名的投标人，其中 $r \in_R Z_n$；匿名投标人返回一个应答集合 $\{c_1, c_2, \cdots, c_l\}$，其中 $c_{i \in [1,l]} = (g^{t_j}, e_j(y / h^j)^{t_j})$，$t_j \in_R Z_n$；$P_i$ 选取 $\{c_1, c_2, \cdots, c_l\}$ 中 k 对应的元素 $c_k = (d, f)$，然后计算 $e_k = f / d^r = e_k(y / h^k)^{t_j} / (g^{t_j})^r = e_k(g^r / h^k)^{t_j} / (g^{t_j})^r$。最后投标人将 $E_{PK}(-b_i)$ 和 $\{e_j\}_{j \in [1,l-1]}$ 发送给拍卖服务器 $\{P_l\}_{l \in [1,l-1]}$。

当每个 $P_{k \in [1,l-1]}$ 收到从投标人发送的加密属性值 $e_{j \in [1,l-1]}$ 后，P_k 开始利用门限 Paillier 加密的同态特性计算加权属性值。即对于明文 $m_1 \in Z_n, r_1 \in_R Z_n^*$，门限 Paillier 满足以下公式：

$$D(E(m_1, r_1)^\lambda \bmod n^2) = \lambda m_1 \bmod n$$

P_k 可以在密文状态下得到加权后的属性值 $\omega_j \alpha_j$，即

$$E_{PK}(AT_{ij}) = e_j^{\omega j}$$

当计算完成后，所有 ID_{sum}^u 将 j、$S_R(j)$ 发送给 $r_j^{(u)}$，并根据公式 $\text{Score}_i(b_i, AT_i) = -b_i + \sum_{j=1}^{n-1} \omega_j \alpha_j$ 计算出最终的权重：

$$E_{PK}(\text{Score}(AT_i)) = \prod_{j=1}^{l-1} AT_{ij} = \prod_{j=1}^{l-1} e_j^{\omega j}$$

$$E_{PK}(\text{Score}_i(b_i, AT_i)) = E_{PK}(AT_i)^* E_{PK}(-b_i)$$

最后，P_i 在广播信道中发送 $E_{Pk}(\text{Score}_i(b_i, AT_i))$ 至其余所有拍卖服务器。

赢家确定阶段。当 $\{P_i\}_{i \in [1,l]}$ 从广播信道中得到 $E_{PK}(\text{Score}_i(b_i, AT_i))$ 后，P_i 将会使用 s_i 进行部分解密，将 $E_{PK}(\text{Score}_i(b_i, AT_i))$ 记为 c。P_i 计算：$c_i = c^{2\Delta s_i} \bmod n^2$，同时生成正确性证明 proof_i（将会在下面的部分阐述），并在广播信道中将 (c_i, proof_i) 发送给买家或者结果公布者。

在这个阶段，假设买家是诚实的并且收到了不少于 t 个有效 c_i，则通过执行组合算法恢复明文。即若买家收到的有效部分解密少于 t 个，则无法恢复出 $\text{Score}_i(b_i, AT_i)$；否则通过下面的公式恢复权重和的明文（设 S 为 t 个合法部分解密的集合，且 $t = l$）：

$$\text{Score}_i(b_i, AT_i) = L\left(\prod_{j \in S} c_j^{2\mu_{0,j}^S} \bmod n^2\right) \frac{1}{4(l!)^2 \theta} \bmod n$$

式中，$\mu_{0,j}^{S} = \Delta \prod\limits_{j \in S\setminus(j)} \dfrac{j'}{j' - j} \in Z$。

最后等所有投标人的标底都进行计算后，买家可以通过排序来选择最满意的（可多选）供货方案，至此拍卖结束。该协议的流程图如图 3.1 所示。

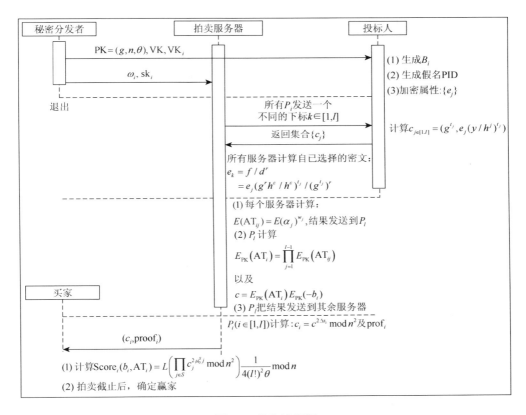

图 3.1 协议流程图

3）可公开验证性证明及分析

可公开验证性是电子拍卖和安全多方计算的一项非常重要的研究内容，也是保护分布式环境中参与者隐私的有效方法[67]。文献[67]、[68]提出了门限 Paillier 加密方案的零知识交互协议，基于以上两种协议，本书在保护秘密不暴露的前提下，针对多属性电子拍卖计算过程中的加密属性值有效性及部分解密私钥分享的正确性，构造了一种两个诚实参与者的零知识证明过程。

第一，证明拍卖服务器对加密的权重和 $E_{\mathrm{Pk}}(\mathrm{Score}_i(b_i, \mathrm{AT}_i))$ 进行解密时，使用了正确部分私钥 s_i 而又不暴露 s_i 的真实数值。

第二，证明拍卖服务器 P_i 接收到的加密后的属性密文 e_j，一定是来自对应的明文属性集合 $\{\alpha_j\}$ 而又不暴露 e_j 的真实数值。

（1）部分解密私钥分享的正确性。

部分解密私钥分享的正确性交互式证明。

协议 3.1（部分解密私钥分享的正确性）   在上述协议中，在拍卖服务器 $\{P_i\}_{i \in [1, J-1]}$ 需要向任意诚实的第三方证明由密文 c 产生部分解密 c_j 时，使用了正确的部分私钥 K 但又不暴露 s_j 的真实信息。

根据本书提出的方案，获得本协议的公共输入：

①两个大素数之积 n，其中 $p = 2p' + 1, q = 2q' + 1$；

②$|n| = k$ （$|n|$ 表示 n 为二进制时串长度），$\xi = p'q'$；

③$\mathrm{VK} = \overline{v} = v^{\varDelta} \bmod n^2$，$\mathrm{VK}_i = \overline{v}^{s_i} = v^{\varDelta s_i} \bmod n^2$；

④$\overline{c} = c^{4\varDelta} \bmod n^2$，$c_i^2 = \overline{c}^{s_i} = c^{4\varDelta s_i} \bmod n^2$。

求证者 P 秘密输入 $s_i \in Z_{n\xi}$，向验证者 V 证明其知道某个 $s_i \in Z_{\xi}$ 满足下列等式：

$$\mathrm{VK}_i = (\overline{v})^{s_i} = (v^{\varDelta})^{s_i} \bmod n^2, \overline{c}^{s_i} = (c^{4\varDelta} \bmod n^2)^{s_i} \bmod n^2$$

或者 $\log_{\overline{c}}(c_i^2) = \log_{\overline{v}}(\mathrm{VK}_i)$。

①P 生成一个随机数 $w \in_R Z_n$，再计算 $(x, y) \to (\overline{c}^w, \overline{v}^w)$，之后将 (x, y) 发送到验证者 V；

②V 选择一个 $e \in_R Z_{n\xi}$，并且将 e 发送给 P；

③P 计算 $r = w + s_i e$，之后将 r 发送给 V；

④V 通过验证 $\overline{c}^r \overset{?}{=} x(c_i^2)^e$ 和 $\overline{v}c^r \overset{?}{=} y(\mathrm{VK}_i)^e$。

整体流程如图 3.2 所示。

部分解密私钥分享的正确性非交互式证明。

一般的密码协议本身的运算非常快，但是在协议参与者之间通信传输数据的时间消耗十分严重，由于交互式零知识证明协议的通信代价很高，将交互式的零知识证明协议转化成非交互式的零知识证明是十分有必要的。Fiat-Shamir 提出了

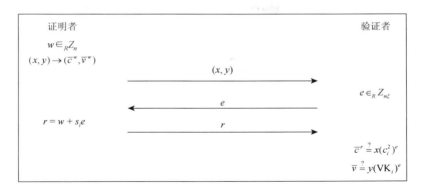

图 3.2　部分解密私钥分享正确性交互式证明流程图

一种"启发式的方法"[69]，用哈希函数把诚实验证者的零知识证明协议转换成数字签名方案，进而用 (Commit,Challenge,Response) 代表一个诚实验证者的安全零知识协议副本。下面给出部分解密私钥分享的正确性的非交互式版本。

协议 3.2（部分解密私钥分享的正确性非交互式证明）　设 H 为一个输出长度为 L 的哈希函数，$n = pq$，其中 $p = 2p'+1, q = 2q'+1$，且 n 的比特长度 $|n| = k$。记 $\bar{c} = x^{4\Delta} \bmod n^2, \overline{c^{s_i}} = c^{4\Delta s_i} \bmod n^2$，非交互式的方法如下。

首先证明者计算承诺 $(a,b) \leftarrow (\bar{v}^{s_i} \bmod n^2, \overline{c}^{s_i} \bmod n^2)$，然后利用哈希函数 H 计算挑战 $e = H(a,b,\bar{v},\bar{c},\bar{v}^w,\bar{c}^w)$，其中 $w \in \{0,1,\cdots,2^{2k+2L}-1\}$；接下来再计算应答 $r = es_i + w$，则 $r \in \{0,1,\cdots,2^{2k+2L}-1\}$，则有私钥分享的正确性证明为 $\text{proof}_i = (e,r)$；验证者通过验证等式 $e \overset{?}{=} H(a,b,\bar{v},\bar{c},\bar{v}^r,a^{-e},\bar{c}^r b^{-e})$ 是否成立来得知证明是否有效。

（2）密文有效性证明协议。

下面将证明拍卖服务器 $P_{i\in[1,l]}$ 可以向任意诚实的投标人证明其收到的密文属性 $e_{j\in[1,l-1]}$ 是有效的。下面假设 $P_{i\in[1,l]}$ 收到的属性密文为 e_j，所对应的属性明文为 α_j。其余属性的证明与此类似。该协议的基本思想是：证明者需要让验证者相信自己知道 $c_i / g^{m_i} = x^n \bmod n^2$ 的高阶 n 次剩余根 x 而又不暴露 x 的真实值。由于验证者基于求解高阶 n 次剩余根的困难性假设，从而相信密文 c_i 对应的明文 m_i 肯定来自指定的集合 S。

属性密文有效性交互式证明。

协议 3.3（属性密文有效性证明协议）　根据提出的方案获得本协议的公共输

入：两个大素数之积 n ，其中 $p = 2p' + 1, q = 2q' + 1; S = \{\alpha_1, \alpha_2, \alpha_3\}, e_j / g^{\alpha_1}, e_j / g^{\alpha_2}$ ，e_j / g^{α_3} ；此外，有 $e_j = g^{m_j} r^n \bmod n^2$ ，其中，下标 j 是保密的，$r \in_R Z_n^*$ 。

证明者 P 随机选择 $x, b_1, b_2 \in_R Z_n$ ，然后计算 $u_1 = g^{b_1} \bmod n^2, u_2 = g^{b_2} \bmod n^2$ ；再随机地选择 w_1 、$w_2 \in Z_n$ 后，计算承诺：

$$v_1 = u_1^n (g^{\alpha_1} / e_j)^{w_1} \bmod n^2, \quad v_2 = u_2^n (g^{\alpha_2} / e_j)^{w_2} \bmod n^2, \quad v_3 = g^{xn} \bmod n^2$$

然后将 $\{v_1, v_2, v_3\}$ 发送给验证者 V ，V 随机地产生一个应答 $w \in_R Z_n$ ；P 计算 $w_3 = w - (w_1 + w_2) \bmod n$ 及 $u_3^n = g^{nx} r^{nw_3} g^{w_3(\alpha_3' - \alpha_3)} \bmod n^2$ ，其中 α_3' 是 P 所产生密文 e_3 对应的真正密文，若 $\alpha_3' \in S$ ，此时 P 为诚实证明者，有 $\alpha_3' = \alpha_3$ ；若 $\alpha_3' \notin S$ ，此时 P 则是不诚实的，有 $\alpha_3' \neq \alpha_3$ 。接下来 P 将 $\{u_1^n, u_2^n, u_3^n, w_1, w_2, w_3\}$ 发送到 V ，V 通过判断以下等式是否成立来验证加密属性的有效性：

$$u_1^n \overset{?}{=} v_1 (e_j / g^{\alpha_1})^{w_1} \bmod n^2, \quad u_2^n \overset{?}{=} v_2 (e_j / g^{\alpha_2})^{w_2} \bmod n^2$$

$$u_3^n \overset{?}{=} v_3 (e_j / g^{\alpha_3})^{w_3} \bmod n^2, \quad e \overset{?}{=} e_1 + e_2 + e_3 \bmod n^2$$

图 3.3 描述了该协议的流程。

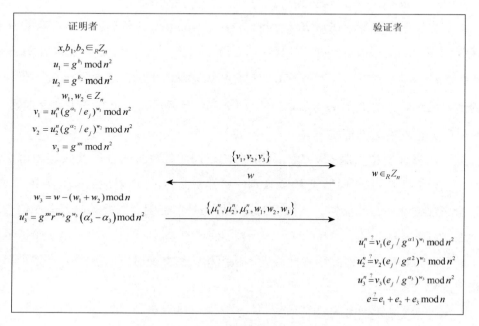

图 3.3　密文有效性交互式证明流程图

密文有效性非交互式证明。

协议 3.4（非交互式属性密文有效性证明协议） 证明者 P 首先随机地选取 $\{x_1, x_2\} \in_R H, \{w_1, w_2\}, x \in_R Z_n$，然后计算 P 和验证者 V 的共同输入：$y_1 = x_1^n (g^{\alpha_1} / e_j)^{w_1} \bmod n^2, y_2 = x_2^n (g^{\alpha_2} / e_j)^{w_2} \bmod n^2$ 以及 $y_3 = g^m \bmod n^2$，则生成挑战：

$$e = H(y_1, y_2, y_3, e_j / g^{\alpha_1}, e_j / g^{\alpha_2}, e_j / g^{\alpha_3})$$

然后计算应答 $w_3 = e - (w_1 + w_2) \bmod n$，则生成 $x_3^n = g^{nx} r^{nw_3} g^{w_3(\alpha_3' - \alpha_3)} \bmod n$。验证者通过验证以下等式是否成立来判断证明者的证明是否有效：

$$e \stackrel{?}{=} H(y_1, y_2, y_3, e_j / g^{\alpha_1}, e_j / g^{\alpha_2}, e_j / g^{\alpha_3})$$

$$y_1^n \stackrel{?}{=} x_1 (e_j / g^{\alpha_1})^{w_1} \bmod n^2, \quad y_2^n \stackrel{?}{=} x_2 (e_j / g^{\alpha_2})^{w_2} \bmod n^2$$

$$y_3^n \stackrel{?}{=} x_3 (e_j / g^{\alpha_3})^{w_3} \bmod n^2, \quad e \stackrel{?}{=} w_1 + w_2 + w_3 \bmod n$$

3.2.3　Paillier 加密技术的等式和不等式比较及其应用实例

2008 年，Parkes 等提供了一个实行密封投标拍卖的实用系统，保留了投标的保密性，同时提供了拍卖的可验证的正确性和可靠性[48]。拍卖人必须接受所有提交的出价，并遵循公布的拍卖规则。在拍卖结束之前，任何一方都不会收到任何有关投标的有用信息，也不会有投标人能够更改或否决投标。解决方案是使用 Paillier 同态加密方案，并详细介绍了 Paillier 的不等式比较性质，用于零知识正确性的证明，使得单一的拍卖人不是采用复杂的交互协议或多方计算，而是计算最优的拍卖结果并公布结果的正确性的证明。任何一方都可以通过公开验证的加密出价计算来检查这些证明的正确性。下面将详细描述该方案用到的 Paillier 加密技术的等式和不等式比较及其应用实例。

（1）等式比较。给定两个密文 $C_1 = E(x_1, r_1)$ 和 $C_2 = E(x_2, r_2)$。证明者 P 可以证明 $x_1 = x_2$，而不会泄露任何额外的信息（最重要的是 x_1 和 x_2 的值）。验证者和证明者计算 $C' = C_1 C_2^{-1} (\bmod n^2) = E(x_1 - x_2, r_1 / r_2) = E(0, r_1 / r_2)$。证明者通过揭示 r_1 / r_2 证明 C' 是一个零的加密。

（2）不等式比较。给定两个密文 $C_x = E(x)$ 和 $C_y = E(y)$，P 可以显示 $x > y$ 和 $x \geq y$。因为 x 和 y 是整数 $\bmod n^2$，假设 $y \neq n-1$，通过展示 $x \geq y+1$ 来证明 $x > y$。由于 Paillier 的同态性质加密，$E(x+1) = E(x)(n+1) \ (\bmod n^2)$，并且在加密形式中加一个值是微不足道的。因此，所有的排序比较都可以归结为证明 $x \geq y$。首先指定 x 和 y 必须在 $[0, 2^t](2^t < n/2)$ 范围内。然后，为了证明 $x \geq y$，P（证明者）和 V（验证者）计算 $E(x-y) = E(x)(y)^{-1}(\bmod n^2)$。$P$ 从 $E(x-y)$ 证明 $0 \leq (x-y) < 2^t < n/2$。实际上如果 $x < y$，那么 $x-y$ 围绕在 $\bmod n^2$ 周围。因此 $(x-y) \geq n/2$ 不可证明。

其证明（验证和保密的范围值测试）描述如下。

给定密文 $C = E(x,r)$，需要证明对于某个 t $(x < 2^t)$，使得 $2^t < n/2$。也就是说，在电子拍卖中希望能够验证一个投标值 Bid_i 小于某些约定的约束 2^t，而不会泄露任何关于 Bid_i 的信息。t 决定了投标人在出价方面可用的位数。

以上分析对于证明不平等至关重要。由于我们的一些数学运算是在整数模 $n(Z_n)$ 之上，一个小的负数与一个大的正数相同，反之亦然。例如，$13 \equiv -2(\bmod 15)$。为了证明 a 和 b 两个值 $a \geq b$，首先证明 $a,b < n/2$，然后证明 $a-b < n/2$。这是有效的，因为如果 a，$b < n/2$ 并且 $a > b$，那么显然 $a-b < n/2$，并且如果 $a < b$，则 $a-b$ 将"环绕"模 n 并且必须是一个很大的数字，也就是 $a < b \rightarrow a - b(\bmod n) > n/2$。这里给出如下测试。

定义 3.1 对于 $C = E(x,r)$ 的有效测试集 TS 是对数 $x < 2^t < n/2^n$ 的加密，是一组 2^t 加密：

$$\mathrm{TS} = \{G_1 = E(u_1, s_1), \cdots, G_{2t} = E(u_{2t}, s_{2t})\} \tag{3.1}$$

式中，$1, 2, \cdots, 2^{t-1}$ 在 u_i 中恰好出现一次，剩余的 t 值 u_j 全部为 0。

通过使用测试集 TS，P 可以证明 $x < 2^t < n$，细节如下。

范围协议。令 $x = 2^{t_1} + \cdots + 2^{t_\ell}$，是 2 的不同次幂的总和。AU 从 TS 中选择 $2^{t_1} + \cdots + 2^{t_\ell}$ 的加密 $G_{j_1}, \cdots, G_{j_\ell}$ 和进一步的 $t - \ell$ 加密 $G_{j_{\ell+1}}, \cdots, G_{j_t}$ 为 0。请注意：

$$(E(x,r)^{-1} G_{j_1} \cdots G_{j_t})(\bmod n^2) = E(0, s) \tag{3.2}$$

当且仅当 $x = 2^{t_1} + \cdots + 2^{t_\ell}$，且 G_{j_h} 被选择时，式（3.2）具有帮助值 $s = (r^{-1} s_{j_1} \cdots s_{j_t})$

$(\mathrm{mod}\, n)$ 的 0 的加密。现在，因为 AU 有解密密钥 ϕ，所以知道帮助值 r，那么他可以把 V 移交给 $\{G_{j_1},\cdots,G_{j_\ell}\}$ 和上面的帮助值 s。V 可以验证式（3.2）成立并推导出 $x < 2^t < n/2$。

上面的协议对于超过 $x < 2^t < n/2$ 的 V 没有任何显示，因为 TS 是一个集合，在实际实现时是一个随机排列的元素。因此 V 没有关于 $\{G_{j_1},\cdots,G_{j_\ell}\}$ 中包含 2 次幂加密的信息，此外，0 的 $t-\ell$ 加密包含甚至隐藏了 m 的二进制表示中非零位的数目。最后，包含随机因素 $s_{j_1}\cdots s_{j_\ell}$，在帮助值 s 的计算中完全掩盖了关于加密 $E(x,r)$ 中的帮助值 r 的任何信息。因此没有显示关于 x 的信息。

然而，上述协议存在一个问题，V 不知道 AU 给了它一个真正的测试集。克服的方法如下。为了便于理解，我们首先描述一个交互式验证协议，然后修改它为非交互式使用。这个想法使用"剪切和选择"的过程，其中证明者提交了许多测试集，并允许验证者选择和检查多个测试集，并确保它们是有效的。最后，剩下的测试集都用来完成证明。Rabin[65]提出了一个早期的、也许是第一个使用这个思路的方法。

防篡改交互验证 $x < 2^t < n/2$。首先，证明者 P 创建 $2v$，如 $v=20$，测试集 $\mathrm{TS}_1,\cdots,\mathrm{TS}_{2v}$，并且将这些提交给 V，声称它们都是有效的。验证者 V 随机选择 v 个测试集 $\mathrm{TS}_{i_1},\cdots,\mathrm{TS}_{i_v}$，并通过揭示所有相应的帮助值来请求 P 显示所有加密。V 验证所有加密和检查每个 TS_i 是否有效。如果有任何一项任何验证失败，则该过程被中止。否则，现在保留未检验的测试集，称它们为 $\mathrm{TS}_{i_1},\cdots,\mathrm{TS}_{i_v}$。$P$ 现在完成了上述范围协议的 v 个重复，并且通过使用上述剩余的 v 个测试集中的每一个来确定 $x < 2^t < n/2$。如果所有验证都成功，那么 V 接受 $x < 2^t < n/2$。

P 可以作弊的唯一途径是如果所有上述剩余的 v 个测试集合都是无效的，这就要求最初 $2v$ 测试集合包括正确的测试集合和不正确的测试集合，而且当检查测试集合时，V 是随机地选择了所有适当的 v 个测试集。这种非偶然的选择的概率是 $\binom{2v}{v}^{-1}$。在 $v=20$ 的例子中，根据斯特林定理，这个概率为 $\sqrt{\dfrac{20\pi}{2^{40}}} < \dfrac{8}{10^{12}}$。因此，当给定一个密文 $E(x,r)$ 时，我们用一个零知识协议来与 AU 交互验证 $x < 2^t < n/2$，使得不等式实际上成立。

防篡改非交互验证 $x < 2^t < n/2$。我们倾向于采用下面的非交互方法来确定本书方案中测试集的有效性。接下来，我们将拍卖人 AU 作为证明者。假设有 $2k$ 区间值的测试集。在收到关于投标的信息之前，AU 在公告板上张贴了 $4kv$ 的测试集（为了便于说明，假设 $v = 20$）。

在结束之前，每个投标人、卖方（如果需要）和拍卖人也被要求提交一个长度为 M 位的随机字符串，这将在拍卖结束后以及在拍卖人承诺进行测试集之后被揭示。给出来自每个投标人的字符串 S_i，来自卖方的字符串 S_s 和来自拍卖人的字符串 S_{AU}，这些字符串互异或用来生成 $X = S_1 \oplus S_2 \oplus \cdots \oplus S_k \oplus S_s \oplus S_{AU}$。清注意，即使只有一个参与者随机选择他的字符串，$X$ 也是一个真正的随机字符串。

在公告栏上张贴的 $80k$ 个测试组集被分成每组 40 个测试组的 $2k$ 个组，即前 40 个测试组，接下来的 40 个测试组等。随后使用随机比特串 X，结合对所有参与者可用的固定规则，并在拍卖开始时张贴到公告板，从每个组中选择 20 个测试集。这种随机选择取代了交互式证明中使用的验证者 V 的随机选择，表明允许在没有交互的情况下工作。Damgård 等[67]和 Lipmaa 等[47]提出了用于证明加密值在其他特定范围内的其他解决方案。

鉴于上述对于 Paillier 的阐述，该方案的单一项目的拍卖描述如下。

设投标人 $B_1, \cdots, B_k$ 是已知的数字签名 sign_i 的实体。进一步假定赢家和他的付款只取决于出价的顺序，而他的付款是其中一个出价。传统拍卖包括第一价格拍卖和第二价格拍卖，也允许通过卖方提交投标的简单扩展来进行具有保留价格的拍卖[70]。

1. 协议

该协议的步骤如下。

步骤 1：AU 在公告栏上公布以下信息：指定项目的拍卖条款、赢家的选择机制、截止日期 T、拍卖的标识符 ID 以及 Paillier 加密密钥 n。AU 知道相应的解密密钥 ϕ。拍卖师还会公布有关用于拍卖的公证人的信息。他发布密码哈希函数 H，供所有参与者构建其承诺。最后，拍卖师定义了用于从验证拍卖正确性的随机字符串中提取测试集索引的随机置换的方法。

该方案强调,上述所有数据 D_{AU} 均贴在公告栏上,并附上 AU 的签名 $\text{Sign}_{AU}(D_{AU})$。

步骤 2:每一个 B_i 选择一个投标值 Bid_i。他使用公钥 n 和随机选择的帮助值 r_i 将其加密为 $C_i = E(\text{Bid}_i, r_i)$。为了创建有效的测试集来证明投标出价的大小,我们限制了出价的大小,使得对于小的 φ,如 $t = 34$,有 $\text{Bid}_i < 2^t < n/2$。每个 B_i 也产生一个长度为 M 的随机比特串 S_i 用于证明。然后投标人 B_i 通过使用哈希函数承诺 C_i 和 S_i,形成一个承诺字符串 $\text{Com}_i = [H(C_i), H(S_i), \text{ID}]$,其中还包括拍卖的标识符 ID。最后,投标人签署这一承诺,并在时间 T 之前将 $\text{Sign}_i(\text{Com}_i)$ 发送给 AU 和他的公证员(如果使用),AU 返回签名的收据 $R_i = \text{Sign}_{AU}([\text{Com}_i, \text{ID}, T])$。

注意,通过使用哈希函数 H 来隐藏加密的投标和随机字符串,防止任何人在时间 T 之前获得对数据的任何知识。特殊情况下,公证人和拍卖人都没有任何有意义的信息。

步骤 3:在时间 T,AU 在公告牌上发布所有接收到的承诺 $\text{Com}_1, \cdots, \text{Com}_k$,以及长度为 M 的随机位串 S_{AU}。AU 还创建了多个测试集 $\text{TS}_1, \text{TS}_2, \cdots, \text{TS}_K$,其中 K 是 k 的倍数,如 $K = 80k$。他在公告栏上标记并张贴测试集。

步骤 4:在时间 T 和 $T+1$ 之间,任何没有张贴投标收据 R_i 的投标人 B_i 可以对不包含的投标进行上诉,如果他用了公证人,则诉诸公证人。

步骤 5:在时间 $T+1$ 之后,每个 B_i 向他发送加密出价 $C_i = E(\text{Bid}_i, r_i)$ 以及随机字符串 S_i。在时间 $T+1$ 之后,AU 发布加密的出价 $C_1, \cdots, C_k$ 和随机字符串 $S_1, \cdots, S_k$ 在公告板上。对于任何投标人 B_j,每个投标人 B_i 可以验证承诺值 Com_j 对应的密文 C_j 和随机数据串 S_j。如有不一致,他可以选择抗议。这个校验可以简单地通过计算 $H(C_j)$、$H(S_j)$,并且检查数字签名 $\text{Sign}_j(H(C_i), H(S_i), \text{ID})$ 来执行。

为了阻止 AU 在时间 T 之后解密并观察一些投标值,并发送指示给倾向的投标人(如指示投标人不要解除其出价),总结了两种解决方案。首先,在时间 $T+1$ 之前得到这种警告并因此拒绝解除投标的投标人有义务向无利害关系的第三方支付巨额罚金,如拍卖公证人。因此,根据这一观点,公证人不仅代表投标人提供证人,确保拍卖人尊重自己的投标,而且代表投标人确保其他投标人必须遵守并透露他们以前承诺的出价。

为便于研究我们首选的方法是延迟解密密钥揭示服务（delayed private key revelation service，DPrKR）。为此，投标人必须在时间 $T+1$ 之前提交其加密的出价 $E_{DR}(C_i)$，以在时间 $T+1$ 解密。AU 在时间 $T+1$ 之前在公告栏上公布这些信息，并且在时间 $T+1$，AU 和验证者可以同时打开它们以恢复加密的投标值 C_i。我们完全可以信赖的 DPrKR 服务，甚至可以从拍卖开始时使用，从而省去了保证密码承诺的必要。

步骤 6：使用解密密钥 φ，AU 恢复出价 $Bid_1,\cdots,Bid_k$。然后拍卖人根据拍卖规则计算拍卖的赢家及其付款。拍卖商贴出获胜者的身份（B_i）和相关信息来确定赢家给公告栏的付款。如果将支付保留为不公开的出价者，则可以以加密的形式发布关于支付的信息。最后，最重要的是，拍卖人还会发布信息，使任何一方能够验证是否实现了正确的结果。这包括赢家和支付的正确性的证明，以及每个投标有效性的证明。

2. 验证

现在展示任何验证者 V（包括任何投标人）如何根据支付的拍卖规则以零知识的方式来验证拍卖的获胜者。也就是说，除了拍卖结果所暗示的任何价格外，不会透露任何有价值的信息。另外，拍卖人可以选择显示多少结果。例如，证明可以验证加密的付款是正确确定的，但不会透露任何有关付款价值的信息。

传统的单项拍卖类别（包括第一价格拍卖和第二价格拍卖）具有以下性质：赢家和付款仅取决于出价的顺序。在第二个价格（或 Vickrey）拍卖的情况下，该物品以第二高的价格被出售给出价最高者。

以 Vickrey 拍卖为例，在不失一般性的前提下，AU 宣布 B_1 为中标者，相当于以下一组声明要求：

$$\{Bid_1 > Bid_2; Bid_2 > Bid_3; \cdots; Bid_2 > Bid_k\} \tag{3.3}$$

请注意，加密值为

$$\{C_1,\cdots,C_k\} = \{E = (Bid_k, r_k)\} \tag{3.4}$$

发布在协议的步骤 5。为了证明声明，只要证明每个 C_i 对于所有的 i 都是一个有效出价的加密 $0 \leqslant \mathrm{Bid}_i < 2^t < n/2$ 即可，而且

$$\{C_1 \geqslant C_2, C_2 \geqslant C_3, \cdots, C_2 \geqslant C_k\} \tag{3.5}$$

验证者 V 使用上述工具以零知识的方式验证这些 $2k-1$ 个声明，这可以验证赢家，商品分配和支付，具体如下。

回想拍卖师在步骤 3 中已经发布了 $2k$ 组 40 个测试集。他使用这 40 组测试集中的 k 组为每个首要的 k 个声明创建证明，每个声明一个。他揭示了由随机字符串 X 和拍卖的步骤 1 中公布的随机方法确定的 20 个测试集合的子集的所有加密。对于其他 20 个测试集中的每一个，AU 都执行范围协议中描述的计算，并将其公布在公告栏上。V 可以验证所有揭示的测试集都是有效的，它们的索引是选择正确的，并且 k 贴出的计算结果是式（3.2）的形式。这验证了第一个 k 的声明。另外，通过对每个不等式使用 $k-1$ 个 40 组额外的测试集合，AU 发布 $k-1$ 个声明的证据，即 $\mathrm{Bid}_1 > \mathrm{Bid}_2$ 和 $\mathrm{Bid}_2 > \mathrm{Bid}_i$（$2 < i \leqslant k$）。

这个排序是用来验证中标者作为与提交的投标 $E(\mathrm{Bid}_1)$ 相对应的标识的投标人，并且该商品被分配给该投标人。在 Vickrey 拍卖中，赢家支付的是 Bid_2，这可以通过向 B_2 的加密出价 $C_2 = E(\mathrm{Bid}_2, r_2)$ 发送验证者 V，随机帮助值 r_2 来证明。V 可以通过用 r_2 重新加密 Bid_2 来验证其支付的正确性，并校验结果是 C_2。

以上分析更多详细细节请参照文献[48]。

为了更好地理解 Paillier 不等式性质的应用，我们再给出一个用于电子拍卖的实例。Zhou 等在 2015 年提出了一个高效、隐私保护和可验证的在线拍卖机制。该方案采用认证公告板和基于 Paillier 的同态加密方案的隐私保护整数比较（privacy-preserving interger comparison，PPIC）协议来实现可验证性[57]。为了便于理解，对该方案的拍卖模型以及涉及的密码学工具进行简要介绍。

1）拍卖模型

我们将广告空间交易模型简化为一个单一项目的密封投标拍卖。广告拍卖中的交易项目是广告空间，其基于网页的信息被分类为几种类型，如视频、图像和文本。在不失一般性的情况下，在后面的讨论中考虑特定类型的广告空间。在本

书的广告拍卖模式中，有四个主要参与者：广告投标人、代理人、广告网络和拍卖人。详细介绍如下。

广告投标人：设有 l 个广告投标人，表示为 $S = \{s_1, s_2, \cdots, s_l\}$。每个广告投标人 $s_i \in S$ 对于交易广告空间有一个广告标记和原始出价 b_i。所有广告投标人的原始投标均以 $b = \{b_1, b_2, \cdots, b_l\}$ 表示。

代理人：为广告投标人提供映射出价，用于设计隐私保护拍卖。代理使用保序加密方案（order preserving encryption scheme，OPES）来构建映射出价的集合，表示为 $\hat{b} = \{\hat{b}_1, \hat{b}_2, \cdots, \hat{b}_l\}$，设代理人是诚实（半诚实）且好奇的。

广告网络：m 个广告网络的集合表示为 $A = \{a_1, a_2, \cdots, a_m\}$。每个广告网络 $a_j \in A$ 包含几个订阅的广告出价者，他们在广告网络 a_j 上预先存储他们的映射出价和广告标签。通过这种方式，广告投标人不需要加密和提交他们的投标，从而可以减少广告投标人和广告网络之间的交互。

拍卖人：计算拍卖结果，赢家 s_{max} 和付款 b_{sec}。

该方案对定义广告拍卖的两个要求如下。

（1）隐私保护的广告拍卖：只有 s_{max} 和 b_{sec}，向拍卖中的任何参与者透露时，且没有比拍卖结果更多的信息，广告拍卖才是隐私保护的。

（2）可验证的广告拍卖：当且仅当拍卖的结果可由广告投标人和任何外部方验证时，广告拍卖才是可验证的。

2）密码学工具

认证公告栏（certified bulletin board，CBB）是传统公告栏的电子版本，可以是由某个权威机构维护和更新的公开、可靠的内容。任何人都可以阅读 CBB，但只能由一些授权方（如拍卖人和广告网络）撰写。我们注意到，CBB 上的所有职位都应由相应的数据所有者签名，以保证不可抵赖性。引入 CBB 来解决信息不对称问题，便于可验证拍卖的设计。

Agrawal 等[71]提出的 OPES，是一种可以保留密文空间中明文排序的加密技术。OPES 允许拍卖人通过对映射数据进行比较操作来了解明文的顺序。利用这一性质，拍卖结果可以在映射的投标中计算，从而可以实现隐私保护的性质。

为了在发送者 S 和接收者 R 之间秘密地交换某个消息，高效率 1-Out-n 不经意传输（OT）被提出[72]。具体地讲，发送者 S 具有 n 个消息：$M = (m_1, m_2, \cdots, m_n)$，并且接收者 R 想要知道其中一个消息，如 m_α。OT 确保 R 只获得消息 m_α 而不知道其他 $n-1$ 个消息，而且 S 不知道接收者的选择 α。具体细节请参照 4.1 节。下面简要给出其算法。

系统参数：(g, h, G_q)。

发送者输入：$M = (m_1, m_2, \cdots, m_n)$；接收者选择 α。

协议：

（1）R 发送 S：$y = g^r h^\alpha, r \in_R Z_q$；

（2）S 回应 $\xi_i = (g^{k_i}, m_i(y/h^i)^{k_i}), k_i \in_R Z_q, 1 \leqslant i \leqslant n$；

（3）通过 $\xi_\alpha = (a, b), R$ 计算 $m_\alpha = b/a^r$。

Paillier 同态加密方案（PHES）这里不再赘述。

3）隐私保护的整数比较

这里提出一个作为下面可验证广告拍卖设计方案的基础的 PPIC 协议。

在 PPIC 协议中有两方：证明者 P 和验证者 V。P 知道两个非负整数 x_1 和 x_2 以及它们的比较关系，如 $x_1 \geqslant x_2$。P 的主要目标是说服 V，证明 $x_1 \geqslant x_2$ 为真，且不公开 x_1 和 x_2 的值。在这里我们强调，如果 $x_1 < x_2$，那么 P 使 V 说服 $x_1 \geqslant x_2$ 在计算上是不可行的。

对于两个非负的整数 $x_1, x_2 < n/2$，当且仅当 $(x_1 - x_2) \bmod n < n/2$ 时，不等式 $x_1 \geqslant x_2$ 成立。为了证明 $x_1 \geqslant x_2$，P 可证明三个不等式：$x_1 < n/2$，$x_2 < n/2$，$(x_1 - x_2) \bmod n < n/2$。因此，PPIC 协议的问题简化为：知道明文 x 的值的证明者 P 在没有泄露 x 的情况下对 V 证明 $x < 2^t \leqslant n/2$。

在运用 Paillier 的范围证明协议之前，我们首先介绍测试集 TS 的概念，它是一组 Paillier 密文：TS $= \{C_1, C_2, \cdots, C_t\}$，其中 $C_i = E_n(m_i, r_i)$。我们注意到，TS 中的所有元素都应该被随机排序以确保 Paillier 的隐私。

给定 $C = E_n(x, r_x)$，σ_i 可以通过范围证明协议向 V 证明 $x < 2^t \leqslant n/2$，它由以下两步组成。

步骤 1：证明生成一个整数 x 可以由 $x = 2^{t_1} + 2^{t_2} + \cdots + 2^{t_k}$ 唯一地表示。P 选择

来自 TS 的明文 $2^{t_1}, 2^{t_2}, \cdots, 2^{t_k}$ 的密文集合 $C_x = \{C_{t_1}, C_{t_2}, \cdots, C_{t_k}\}$，并使用相应的随机值 $r_{t_1}, r_{t_2}, \cdots, r_{t_k}$ 和 r_x 来计算一个新的随机值：

$$r^* = (r_x^{-1} r_{t_1} r_{t_2} \cdots r_{t_k}) \bmod n$$

密文 C_x 和随机值 r^* 被打包作为证明发送给验证者 V。

步骤 2：在接收到证明之后，V 可以通过计算以下等式来验证关系 $x < 2^t \leqslant n/2$：

$$E_n^{-1}(x, r_x) C_{t_1} C_{t_2} \cdots C_{t_k} (\bmod n^2) = E_n(0, r^*)$$

由于 PHES 的加性同态，当且仅当 $x = 2^{t_1} + 2^{t_2} + \cdots + 2^{t_k}$ 时上式成立。再加上 C_x 中元素个数小于或等于 t 的事实，V 可以得出结论：$x < 2^t \leqslant n/2$。

给定三个密文 $E_n(x_1)$、$E_n(x_2)$ 和 $E[(x_1 - x_2) \bmod n] = E_n(x_1) E_n^{-1} (\bmod n^2)$，证明者 P 可以通过应用范围证明协议以 $x_1 \geqslant x_2$ 说服验证者 V 来校验以下三个不等式：$x_1 < 2^t \leqslant n/2, x_2 < 2^t \leqslant n/2$ 和 $(x_1 - x_2) \bmod n < 2^t \leqslant n/2$。

下面我们具体描述该方案——一个高效的、保密的、可验证的在线广告拍卖机制。

（1）设计概述。

该方案阐述了 ERA 机制的设计挑战和设计原理。第一个设计挑战是在投标方面的隐私保护。该方案引入了一个诚实但好奇的代理商使用 OPES 将原始出价加密为映射出价。因此，广告网络和拍卖人可以通过比较相应的映射投标来了解原始投标的排序，以计算拍卖结果。然而，如果代理人能够获得映射的投标，代理商可以知道原始投标，方案采用两种密码方法来解决这个问题。首先，每个投标人通过不经意传输获取代理商的映射投标，这保证投标人在映射投标选择期间不泄露关于其原始投标的任何信息。但是，代理商仍然可以通过其他方式获取已映射的出价，例如，从 CBB 上的公开信息中学习映射的出价。所以我们要求拍卖人在被映射的出价上再次加密。这样，只要代理商和拍卖人之间不存在合谋，投标的隐私就能得到很好的保护。

第二个设计挑战是拍卖验证。广告网络和拍卖人专门拥有招标信息，任何其他参与者都不能访问。这种信息的不对称导致设计可验证拍卖的困难。为了解决这个问题，我们引入 CBB 来发布加密的信息，即双重加密的投标。然后，我们采用提出的 PPIC 协议，使任何一方能够验证映射出价的顺序，即原始出价的顺序，从而验证拍卖执行的正确性。

（2）设计细节。

现在介绍 ERA，它由三个阶段组成：初始化、拍卖执行和验证操作。

阶段 1：初始化。初始化阶段包含两部分，即投标加密和验证准备。

①投标加密：投标空间 Θ 被定义为 n 个可能投标的集合 $\Theta = \{\theta_1, \theta_2, \cdots, \theta_n\}$，其中 $\theta_1 \geqslant \theta_2 \geqslant, \cdots, \geqslant \theta_n$。基于投标空间，代理人运行 OPES 以生成一组映射出价：$\hat{\Theta} = \{\hat{\theta}_1, \hat{\theta}_2, \cdots, \hat{\theta}_n\}$，其中 $\hat{\theta}_i = \text{OPES}(\theta_i)$，$\hat{\theta}_1 \geqslant \hat{\theta}_2 \geqslant, \cdots, \geqslant \hat{\theta}_n$。在不失一般性的情况下，设 t 的最大映射出价为 t^2，如 $t = 32$。

具有原始投标 $b_i = \theta_i$ 的每个投标人 $s_i \in S$ 通过不经意传输联系代理人以从映射投标空间 $\hat{\Theta}$ 获取映射投标 $\hat{b}_i = \hat{\theta}_i$。这保证了投标人只知道 $\hat{\theta}_i$，并且不知道 $\hat{\Theta}$ 中的其他 $n-1$ 个映射投标，而代理人不知道投标人 s 选择了哪个映射投标。然而，如果代理人能够访问映射出的投标 $\hat{b}_i$，代理人可能仍然知道投标人 s_i 的原始投标。因此，负责投标人 s_i 的广告网络 a_j 利用公钥 n 和随机值 r_i 进一步使用 PHES 对投标 $\hat{b}_i$ 进行加密。我们注意到，公钥 n 由拍卖人（拍卖行）提供，随机值 r_i 由投标人 s_i 的广告网络 a_j 产生。投标人 s_i 的双加密投标由 $c_i = E_n(\hat{b}_i, r_i)$ 表示。

②验证准备：为方便拍卖验证，以下信息张贴在 CBB 上。

$l-1$ 个测试集合 $\{\text{TS}_1, \text{TS}_2, \cdots, \text{TS}_{l-1}\}$：这些测试集合由拍卖人以他的签名公布，并将用于验证 l 个投标的比较关系。

l 个承诺 $\{\text{COM}_1, \text{COM}_2, \cdots, \text{COM}_l\}$：投标人 $s_i \in S$ 的承诺被定义为 $\text{COM}_i = (c_i, s_i)$。这些将用于验证拍卖结果的承诺是由所有广告网络计算和发布的。

阶段 2：拍卖执行。拍卖执行分为两个阶段，即内部拍卖阶段和全球拍卖阶段。每个广告网络 $a_j \in A$ 在其投标人成员之间进行内部拍卖。广告网络 a_j 选择最高和第二高的映射出价，并将其发送给具有签名的拍卖人。在全球拍卖阶段，拍卖人从广告网络提供的内部结果中选择全球最高和次高的映射出价，即 $\hat{b}_{\max}$ 和 $\hat{b}_{\sec}$。最后，拍卖人获得赢家的身份 $s_{\max}$ 并确定支付。拍卖人将映射的投标 $\hat{b}_{\sec}$ 发送给代理人，代理人发回赢家的付款，这是 $\hat{b}_{\sec}$ 的原始投标 $b_{\sec}$。代理人可以通过使用 OPES$(\cdot)$ 的反函数来获得该支付，即 $b_{\sec} = \text{OPES}^{-1}(\hat{b}_{\sec})$。

阶段 3：验证操作。在拍卖执行阶段结束时，投标人负责 $\hat{b}_{sec}$ 的广告网络需要在 CBB 上进行验证。直观地说，如果将广告空间出售给全球最高出价的出价人，而且成交价格是全球第二高的竞拍价格，则拍卖结果是正确的。在形式上，如果满足 $b_{max} \geqslant b_{sec}$ 和 $b_{sec} \geqslant b_i$（$\forall i \neq max$），拍卖结果是正确的。

假设拍卖人作为证明者 P，任何一方都可以成为一个验证者 V。下面描述验证算法，它由三部分组成：支付验证、顺序验证和修补验证。

步骤 1：支付验证。

在这个步骤中，拍卖人将公钥 n 和随机值 r_{sec}^2 发送给 V。然后，V 重新加密由代理 $c_{sec} = E_n(\hat{b}_{sec}, V_{sec})$ 提供的映射付款 $\hat{b}_{sec}$。然后 V 检查 c_{sec} 是否等于在 CBB 上标记的双重加密付款。

步骤 2：顺序验证。

根据 OPES 保序加密的加密特点，我们可以通过验证映射出价的顺序来查看原始出价的顺序是否正确。我们假设已映射的出价按降序排序：

$$\Gamma : \hat{b}_1 \geqslant \hat{b}_2 \geqslant \cdots \geqslant \hat{b}_l$$

式中，$\hat{b}_1 = \hat{b}_{max}$；$\hat{b}_2 = \hat{b}_{sec}$。对于顺序验证，$P$ 应该证明映射的付款 $\hat{b}_{sec}$ 等于或小于赢家的映射出价 b_{max}，并且 $\hat{b}_{sec}$ 等于或大于除 b_{max} 之外的映射出价。由于 l 个映射投标值都在 $[1, 2^l]$（$2^l \leqslant n/2$）范围内，因此可以通过在 $l-1$ 个成对比较中应用 PPIC 协议来验证顺序 Γ 的正确性，即 $\langle \hat{b}_{sec}, \hat{b}_i \rangle (\forall i \neq sec)$。

为了验证关系 $\langle \hat{b}_{sec}, \hat{b}_i \rangle$，验证者 V 选择一个特定的测试集 TS_i，并将其与索引 i 一起发送给证明者 P。然后证明者 P 构造密文集 $C_i = \{C_{t_1}, C_{t_2}, \cdots, C_{t_k}\}$ 使得 $\hat{b}_{sec} - \hat{b}_i = 2^{t_1} + 2^{t_2} + \cdots + 2^{t_k}$，并计算新的随机值 r_i^*。将集合 C_i 和随机值 r_i^* 传送回验证者 V，验证者 V 然后计算 $G_i^{-1} G_{t_1} \cdots G_{t_k}$ 和 $E_n(0, r_i^*)$ 的值以决定排序验证是否正确。

步骤 3：修补验证。

如果前两个验证步骤没有通过，除非拍卖人能提供证据表明结果的错误是由一些广告网络引起的，否则他会被指控作弊。拍卖人使用私钥对 CBB 上的双重加密出价进行解密以获得所有映射的出价，然后对这些映射的出价进行重新排序以检查每个广告网络中的内部拍卖结果的正确性。这样做，拍卖人可以抓到利用广告作弊的网络。

3.3　椭圆曲线加密系统及其应用实例

Koblitz[73]和 Millier[74]相互独立地提出了在密码学中应用椭圆曲线（eliptical curve）构造公开密钥密码体制的思想。该算法一出现便备受关注。由于基于椭圆曲线的公开密钥密码体制具有开销小、安全性高等优点，在电子拍卖系统中也占有一席之地。

Liu 在 2009 年设计了基于 ECC（椭圆曲线加密）系统的新安全高效的 $M+1$ 价格拍卖方案，通过使用数字签名加密方案保证投标人的不可否认性和匿名性[75]。另外，使用 ECC 系统使得该方案具有较低的通信成本和计算成本。2013 年，Chang 等提出了一个具有安全机架机制的新型电子英式拍卖系统，该方案中采用可靠的第三方（即代理中心）和 ECC 系统来构建安全的通信和认证过程[25]。2015 年，Wu 等设计没有安全信道的高效英式拍卖机制，也采用了 ECC 系统机制使得提出的方案满足了所有安全需求和性能要求，且拍卖不需要额外的安全信道和密钥数据库[76]。

本节主要介绍椭圆曲线加密技术及其在电子拍卖中的应用。

3.3.1　椭圆曲线加密技术

1. 有限域上的椭圆曲线算法的提出

普通平面直角坐标系不能表示无穷远点，为表示无穷远点，引入射影平面坐标系的概念：对于普通平面坐标系中的一点 $a(x,y)$，任意取一个整数 $z \neq 0$，令 $X = xZ, Y = yZ$，则将 a 映射到射影平面坐标系中的 (X, Y, Z)。当 $x \to \infty$ 或 $y \to \infty$ 时，$Z \to 0$。射影平面坐标系中的椭圆曲线方程为

$$Y^2 Z + a_1 XYZ + a_3 YZ^2 = X^3 + a_2 X^2 Z + a_4 YZ^2 + a_5 Z^3$$

设 $x = X/Z, y = Y/Z$，则上式转换为

$$y^2 + a_1 xy + a_3 y = x^3 + a_2 x^2 + a_4 x + a_5$$

满足上式的光滑曲线上加一个无穷远点组成了椭圆曲线。

通常的椭圆曲线是连续的，但是密码学研究的是整数域上的计算，因此，密码学将椭圆曲线定义在整数域上的一个有限域 F_p 上。椭圆曲线 $E(F_p)$ 上的点集对点的加法 $\oplus$ 构成阿贝尔群，即运算 $\oplus$ 存在单位元、逆元，且满足交换律、结合律和点的可加性。

椭圆曲线加密体制基于椭圆曲线上的离散对数问题，定义如下：给定素数 A 和椭圆曲线 E，对于 $Q = kp$（k 个 p 相 $\oplus$），可以证明，由 k 和 p 计算 Q 比较容易，但由 Q 计算 p 和 k 则比较困难。

2. 椭圆曲线上的密码算法

利用椭圆曲线进行加密通信的过程描述如下。

（1）用户端 A 选定一条椭圆曲线 E，并取椭圆曲线上一点 p 作为基点。

（2）用户端 A 选择一个私有密钥 k，并生成公开密钥 $Q = kp$。

（3）用户端 A 将 E 和点 Q、p 传给用户端 B。

（4）用户端 B 接到信息后，将待传输的明文编码到 E 上的一点 M，并产生一个随机整数 $r < n$。

（5）用户端 B 计算 $C_1 = M + rQ, C_2 = rp$。

（6）用户端 B 将 C_1、C_2 传给用户端 A。

（7）用户端 A 接到信息后，计算 $C_1 - kC_2 = M + rQ - k(rp) = M + rQ - r(rp) = M$。

（8）再对点 M 进行解码就可以得到明文。

3.3.2　椭圆曲线加密技术在电子拍卖中的应用

本书采用基于 ECC 的签名加密方案来保证投标人的不可抵赖性和匿名性，这种签名加密方案以高效的方式实现数字签名方案和加密的组合功能，这种方式对于电子拍卖的设计有着非常重要的作用。

ECC 通常选择合适的椭圆曲线 E 和 E 上的点 G 称为基点。例如，K 可以是 F_q 的有限（扩展）域 $F_{q'}$，其中 p 是大质数的素数域 Z_p、有理数的域 Q 或复数域 C。

Weierstrass 方程定义了域 K 上的椭圆曲线[77]：

$$y^2axy + by = x^3 + cx^2 + dx + e \qquad (3.6)$$

式中，$a,b,c,d,e \in K$。

对于各种特性的域，Weierstrass 方程可以通过变量的线性变化转化为不同的形式。K 上的椭圆曲线 E 表示为 $E(K)$。E 上的点 G 的等级定义如下：如果 $hG = 0$，G 点的等级为 h。

签名加密方案可以分为三个阶段[78]：初始化阶段、签名加密阶段、验证与解密阶段。该方案由可信机构（TA）、签名加密执行者 A 和接收者 B 一起执行。

1. 初始化阶段

该方案的安全参数如下。

（1）TA 在有限域 F 中选择安全的椭圆曲线 $E(F_q)$，确保 $E(F_q)$ 的离散对数问题（DFP）难以求解[79]。然后，TA 在 $E(F_q)$ 上选择一个基点 G。G 的等级是 h（它是一个大的素数）。

（2）签名加密执行者 A 和接收者 B 是系统的两个用户。随机选择 $d_A \in \{1, 2, \cdots, h-1\}$ 作为密钥，计算 $Y_A = d_A G$ 为公钥并发送给 TA。B 与 A 相同，B 还具有密钥 $d_B \in \{1, 2, \cdots, h-1\}$ 和公钥 $Y_B = d_B G$。

（3）TA 发布 $E(F_q) \| G \| h \| Y_A \| Y_B$。

2. 签名加密阶段

签名加密执行者 A 对消息 M 进行加密和签名，并将其发送给接收者 B。首先，A 选择一个随机数 $k \in \{1, 2, \cdots, h-1\}$ 并计算

$$V_1 = kG, \quad V_2 = kY_B, \quad v = F_x(V_1 + V_2) \bmod h \qquad (3.7)$$

式中，$F_x(V_1 + V_2)$ 是获得 $(V_1 + V_2)$ 的 x 坐标的函数。然后 A 计算签名加密消息 (r, s) 如下：

$$r = Mv, \quad s = k + d_A r \bmod h \qquad (3.8)$$

A 将 (V_1, r, s) 发送给 B。这里 (r, s) 是 M 的签名加密消息，因为 M 隐藏在 (r, s) 中。

3. 验证与解密阶段

接收者 B 接收 (V_1, r, s) 并计算：

$$V_1' = sG - rY_A, \quad V_2' = x_B V_1' \tag{3.9}$$

B 通过验证 $V_1' = V_1$ 来验证签名加密消息 (r, s) 的有效性。如果 $V_1' = V_1$，签名加密消息 (r, s) 就是有效的，这里有 $V_1' = sG - rY_A = (s - rd_A)G = kG$ 和 $V_2' = x_B V_1' = kY_B$。然后 B 计算 $v = F_x(V_1 + V_2) \bmod n$ 并获得消息 $M = rv^{-1}$。事实上，如果 A 正确执行签名加密阶段的每一步，那么 B 可以得到正确的 M。

该方案的具体细节描述如下。

有 m 个拍卖人 $A_1, A_2, \cdots, A_m$，n 个投标人表示为 $B_1, B_2, \cdots, B_n$，拍卖行主持人 (AH)，且组织每次拍卖的运行，给出 L 个价格 $\{w_L, \cdots, w_1\}$，并且公布投标结果。每个拍卖人都有自己的密钥 x_{A_i} 和公钥 $y_{A_i} = x_{A_i}G$。每个出价人都有自己的 ID_{B_j} 作为身份，可以在拍卖人参加拍卖时从 AH 那里得到。此外，每个投标人都有密钥 x_{B_j} 和公钥 $y_{B_j} = x_{B_j}G$。这里我们使用 ECC 进行加密。投标人和拍卖人的公钥由 AH 公开。每次拍卖都有一个由 AH 分配的特殊标签。我们将拍卖方案分为两个阶段：投标阶段、公开和宣布阶段。

1）投标阶段

AH 发布 L 价格 $\{w_L, \cdots, w_1\}$ 使得对于出价有 $w_L > \cdots > w_1$。投标人 B_j 使用基于式（3.7）和式（3.8）的签名加密方案对消息 $m_j = \mathrm{ID}_{B_j} \| \mathrm{Tag}$ 进行加密（在前面已经做过介绍），并将结果 (r_j, s_j) 发送给 AH，同时保留另一个身份认证的结果 V_{1_j}。(V_{1_j}, r_j, s_j) 是消息 $m_j = \mathrm{ID}_{B_j} \| \mathrm{Tag}$ 的签名加密的结果。

如果投标人 B_j 出价 w_k，他决定出价价格 $B_j = (b_{j1}, b_{j2}, \cdots, b_{jL})$，这里 $B_{ji} = (b_{ji1}, b_{ji2}, \cdots, b_{jim})(i = 1, 2, \cdots, L)$。$r_{ji1}, r_{ji2}, \cdots, r_{jim}$ 是由 B_j 生成的随机数。然后 B_j 生成其他随机数。

$t_{jpq}(1 \leqslant p \leqslant L, 1 \leqslant q \leqslant m)$ 满足以下关于 k 的等式：

$$t_{jk1}r_{jk1} + t_{jk2}r_{jk2} + \cdots + t_{jkm}r_{jkm} = \mathrm{hash}(r_j, s_j)$$

$$t_{jk1}r_{jk1} + t_{jk2}r_{jk2} + \cdots + t_{jim}r_{jim} = 0, \quad i = 1, 2, \cdots, L; i \neq k \tag{3.10}$$

然后 B_j 加密 $(t_{j1i}, t_{j2i}, \cdots, t_{jLi})(i = 1, 2, \cdots, m)$ 和 $(r_{j1i}, r_{j2i}, \cdots, r_{jLi})(i = 1, 2, \cdots, m)$，拍卖行运用基于 ECC 的签名加密方案（在前面已经介绍过）。最后 B_j 提交加密后的消息 $E((t_{j1i}, t_{j2i}, \cdots, t_{jLi}))$ 和 $E((r_{j1i}, r_{j2i}, \cdots, r_{jLi}))$ 给相对应的拍卖人。

2）公开和宣布阶段

拍卖行 $A_i(1 \leqslant i \leqslant m)$ 从 B_j 处解密消息并计算 B_j 向量：

$$\mathrm{RT}_j^i = (\mathrm{RT}_{j,1}^i, \mathrm{RT}_{j,2}^i, \cdots, \mathrm{RT}_{j,L}^i) = ((t_{j1i}, r_{j1i}), (t_{j2i}, r_{j2i}), \cdots, (t_{jLi}, r_{jLi})) \tag{3.11}$$

然后，使用基于 ECC 的签名加密方案，用他的公钥对 RT_j^i 进行加密，并将其发送给 AH。

AH 从每个拍卖人那里收到所有的 $\mathrm{RT}_j^i(1 \leqslant j \leqslant n, 1 \leqslant i \leqslant m)$ 后，将其解密并按以下方式计算结果：

$$\begin{aligned} \mathrm{RT}_j &= \mathrm{RT}_j^1 + \cdots + \mathrm{RT}_j^m = (\mathrm{RT}_{j,1}^i + \cdots + \mathrm{RT}_{j,1}^m), \cdots, (\mathrm{RT}_{j,L}^1 + \cdots + \mathrm{RT}_{j,L}^m) \\ &= ((t_{j11} r_{j11}) + \cdots + (t_{j1m} r_{j1m}), \cdots, (t_{jL1} r_{jL1}) + \cdots + (t_{jLm} r_{jLm})) \end{aligned} \tag{3.12}$$

对于每个 $B_j(1 \leqslant j \leqslant n)$，应该有一些 k_j 满足

$$\mathrm{RT}_{j,k_j}^1 + \cdots + \mathrm{RT}_{j,k_j}^m = t_{jk_j 1} r_{jk_j 1} + t_{jk_j 2} r_{jk_j 2} + \cdots + t_{jk_j m} r_{jk_j m} \neq 0$$

AH 从所有 $k_j(1 \leqslant j \leqslant n)$ 中找出 $M + 1$ 个最大值，表示为 k，满足 $t_{jk_j 1} r_{jk_j 1} + t_{jk_j 2} r_{jk_j 2} + \cdots + t_{jk_j m} r_{jk_j m} \neq 0 (1 \leqslant j \leqslant n)$。在投标阶段，每个 $B_j(1 \leqslant j \leqslant n)$ 已将其部分签名加密结果 (r_j, s_j) 提交给 AH。所以 AH 根据 $t_{jk_j 1} r_{jk_j 1} + t_{jk_j 2} r_{jk_j 2} + \cdots + t_{jk_j m} r_{jk_j m} = \mathrm{hash}(r_j, s_j)$ 找出竞标价格高于 w_k 的 M 个投标人。

AH 公布第 $M + 1$ 个价格 w_k 和第 M 个获奖者。然后获胜者将签名加密结果 V_1 发送给 AH。AH 解密获奖者的 ID 身份并验证签名。

第 4 章 安全多方计算在电子拍卖中的应用

安全多方计算协议的参与者即为参与协议执行的各方。在实际中，由于各种利益的驱使，协议的某些参与者可能不遵循协议的步骤，甚至拒绝参与协议，即使是各个参与者都遵循了协议步骤，但某些参与方可能会企图根据自己所得到的中间信息去推导其他参与者的隐私输入的部分（或全部）信息。各类企图偏离协议的行为称为腐败行为，没有腐败行为的参与者称为诚实者。安全多方计算中需要保护的是诚实者的各种安全需求。由此看来，安全多方计算解决的是信息安全相关的问题。因此，在电子商务领域，特别是电子拍卖系统当中，安全多方计算更是得到了广泛的应用。在电子拍卖系统的安全协议设计过程当中，常用于构造安全多方计算协议的密码学工具有不经意传输、秘密共享机制、姚氏百万富翁问题和比特承诺等。

4.1 不经意传输技术及其应用实例

不经意传输（又称茫然传输）是 Rabin[80]首次提出来的，该协议实现了"二选一"的茫然传输功能。另外，Tzeng[81]设计了一种"n 选 1"的茫然传输协议。不经意传输是一种可保护通信双方隐私的协议，能够使通信双方以一种模糊化的方式传送消息。它使得服务的接收方以不经意的方式得到服务发送方输入某些消息，这样就可以保护接收者的隐私不被发送者所知道。

不经意传输技术的应用确保了电子拍卖投标过程中数据传输的安全[56, 59, 82-87]。例如，2006 年 Peng 等阐述了在同态电子拍卖中批量验证的有效性，由于出价有效性的证明和验证效率低下，该方案提出并应用批量加密技术来提高投标有效性检查的效率[84]。借助于不经意传输技术，可以有效地提高出价的有效性证明和验证。Huang 等在 2013 年提出了一种具有防护策略机制和隐私保护的光谱拍卖机制，在该方案的投标阶段，投标人联系代理拍卖商通过不经意传输技术获得对应的映射出价，从而防止代理拍卖商知道投标人选择了哪一个投标值，以此来保护投标人投标值的隐私数据[86]。

本节主要介绍不经意传输技术以及不经意传输在电子拍卖中的应用。

4.1.1　不经意传输技术

1-out-of-z 不经意传输 (OT_z^1) 技术实现过程如下。

初始化：

系统参数：(g, h, G_q)；

发送方的输入：$s_1, s_2, \cdots, s_z \in G_q$；

接收方的选择：$a, 1 \leqslant a \leqslant z$；

（1）接收方传送 $y = g^r h^\alpha, r \in_R Z_q$；

（2）发送方传送 $c_i = \left[g^{k_i}, s_i \left(\dfrac{y}{h_i} \right)^{k_i} \right], k_i \in_R Z_q, 1 \leqslant i \leqslant z$；

（3）通过 $c_\alpha = (d, f)$，接收方计算 $s_\alpha = f / d^r$。

4.1.2　不经意传输在电子拍卖中的应用

为了更好地理解不经意传输在电子拍卖协议设计上的安全应用，我们给出一个具体的应用实例，Huang 等[86]提出了一种具有防护策略机制和隐私保护的光谱拍卖机制，利用不经意传输实现在该方案的投标阶段，投标人联系代理拍卖商通过这一技术获得对应的映射出价，从而防止代理拍卖商知道投标人选择了哪一个投标值，以此来保护投标人投标值的隐私数据的过程。我们主要详细阐述不经意传输在初始化阶段和投标阶段的具体应用。

1. 步骤 1：初始化阶段

在运行频谱拍卖之前，频谱拍卖机制设置了必要的系统参数，且定义了一组可能的投标值：

$$\beta = \{\beta_1, \beta_2, \cdots, \beta_z\}$$

式中，$\beta_1 < \beta_2 < \cdots < \beta_z$，并要求每个投标人的投标 $b_i \in \beta$。

代理映射每个投标值 $\beta_x \in \beta$，到 γ_x 同时运用保序加密方案 OPES 保持当前的顺序。

$$\gamma_x = \text{OPES}(\beta_x)$$

$$\text{s.t.} \quad \gamma_1 < \gamma_2 < \cdots < \gamma_z$$

式中，$\gamma = \{\gamma_1 < \gamma_2 < \cdots < \gamma_z\}$ 是代理的一组秘密。该代理初始化一些不经意传输的参数：确定大素数 q 和两个循环群 $G_q : (g, h)$。

该机制采用了非对称密钥加密方案。我们设拍卖人持有一个私钥 Key_{priv}，并将匹配的公钥 Key_{pub} 分发给投标人。此外还运用数字签名方案，其中每个投标人 $i \in \mathbb{N}$ 拥有一个签署钥匙 sk_i，并发布相应的验证关键钥匙 pk_i。

2. 步骤 2：投标阶段

每一个投标人 $i \in \mathbb{N}$ 根据每个信道的估值 v_i 选择一个出价 $b_i = \beta_x \in \beta$，然后通过 1-out-of-z 不经意传输接收 $\hat{b}_1 = \gamma_x$（订单-保存-加密的值 β_x）和代理交互。

（1）投标人 i 任意选择 $\gamma \in Z_q$，并把 $y = g^r h^x$ 传给代理人。

（2）代理人用 $c = \{c_1, c_2, \cdots, c_z\}$ 来回复，$c_l = \left[g^{k_l}, \gamma_l \left(\dfrac{y}{h_l} \right)^{k_l} \right], k_l \in_R Z_q, 1 \leqslant l \leqslant z$。

（3）投标人从 c 中选择 $c_x = (d, f)$，并计算 $\hat{b}_i = \dfrac{f}{d^r} = \dfrac{\gamma_x \left(\dfrac{y}{h^x} \right)^{k_x}}{(g^{k_x})^r} = \dfrac{\gamma_x \left(\dfrac{g^r h^x}{h^x} \right)^{k_x}}{(g^{k_x})^r} = \gamma_x$。

当投标人接收 $\hat{b}_i$ 后，投标人 i 随机选择一个随机数 r_i，使用拍卖商的公钥 Key_{pub} 加密 $[\hat{b}_i, r_i]$：

$$e_i = \text{Encrypt}([\hat{b}_i, r_i], \text{Key}_{\text{pub}})$$

加密 $\text{Encrypt}(\cdot)$ 是不对称加密函数。投标人 i 将以下的元组当做一个投标提交给代理机构：

$$[i, e_i, \text{Sign}(e_i, \text{sk}_i)]$$

式中，Sign(·) 是一个签名函数。

对于被接收的每一个元组 $[i, e_i, \text{Sign}_i]$，代理人检查它的有效性。如果

$$\text{Verify}(e_i, \text{Sign}_i, \text{pk}_i) = \text{True}$$

元组被接收；否则，它被丢掉。其中，Verify(·) 是一个签名验证函数。

4.2　秘密共享机制及其应用实例

秘密共享的概念是 Shamir 在 1979 年首次提出的[88]。秘密共享的核心思想是将秘密以适当的方式拆分，拆分后的每一个份额由不同的参与者管理，单个参与者无法恢复秘密信息，只有若干参与者协作才能恢复秘密消息。更重要的是，当其中任何相应范围内参与者出问题时，秘密仍可以完整地恢复。秘密共享是一种将秘密分割存储的密码技术，目的是阻止秘密过于集中，以达到分散风险和容忍入侵的目的，秘密共享是信息安全和数据保密中的重要手段。

秘密共享机制不仅能够保证信息的保密性和完整性，而且能够增加信息系统的鲁棒性，同时能够预防权力过于集中以至于滥用的问题。秘密共享作为一种常用的电子商务应用中运用到的密码学技术工具之一，在设计电子拍卖安全协议方面也发挥着重要的作用[29-30, 84, 89-103]。

最初，Franklin 和 Reiter 提出了一个密封拍卖协议，采用分布式拍卖人和可验证的秘密共享方案，以便该协议可以成功地阻止单一拍卖人改变投标或将拍卖投标给单一投标人[89]。Kikuch 等基于 Shamir 秘密共享方案提出了一个密封投标拍卖协议[102]。该协议确保除了中标之外没有显示拍卖出价，但不保证中标者将支付他的出价，另外，它只支持标准的密封竞标。2000 年，Liu 等提出了一种基于 Shamir 门限秘密共享方案的多轮拍卖协议，该方案确保没有关于丢失投标人的信息被泄露，并且卖方可以从中标方收取电子货币。另外，该方案可以容易地转换成二次投标的密封拍卖[90]。Peng 等在 2002 年提出了一个强大的隐私保护和可公开验证的密封投标拍卖，该方案需要基于 Pedersen 可验证秘密共享（VSS）方案，可以共享二进制值密码[92]。2002 年，Suzuki 和 Yokoo 提出了通过

多项式秘密共享的动态编程安全组合拍卖机制，该方案设计的安全动态规划协议采用秘密共享技术（基于 Shamir 门限秘密共享方案），可以获得组合优化问题的最优解，也就是说不泄露输入即投标价格而得到组合拍卖的结果[93]。2007年，Ha 等讨论了针对虚假投标的安全双重拍卖协议，通过基于阈值访问结构的公开验证的秘密共享方案，即使一些买家或卖家由于网络不稳定或恶意行为而不能在拍卖过程中完全公开，也可以使协议良好地运行，从而可以实现拍卖机制的灵活性和鲁棒性[95]。2014 年，Nojoumian 和 Stinson 提出了使用可验证的秘密共享的高效密封投标拍卖协议，设计初衷是使用秘密分享技术来定义拍卖结果，而不需要使用昂贵的按位操作[102]，这有助于为一般组合拍卖设计大致的安全解决方案。2014 年，Bektas 等提出了电子国债拍卖的一个安全有效的协议，该方案也是基于安全多方计算、秘密共享等技术来实现的[60]。2015 年，Chen 等基于秘密共享的理念，设计了一个信息理论安全框架并应用于真实的频谱拍卖[103]。随着研究的深入，秘密共享机制已经成熟地运用到了电子拍卖的安全协议设计当中。

常用于电子拍卖的秘密共享方案有 Shamir(t, n)门限秘密共享方案[88]、Feldman可验证秘密共享方案[104]和 Pedersen 可验证秘密共享方案[105]。

4.2.1　Shamir(t, n)门限秘密共享方案在电子拍卖中的应用

1979 年，Shamir 第一次提出了基于拉格朗日插值法的秘密共享方案。Shamir 的方法实现简单，且为完备理想方案，是目前研究与应用最广泛的秘密共享策略。

首先介绍一下拉格朗日插值公式，假设：q 是一个素数；$x_1, x_2, \cdots, x_t$ 是 Z_q 上的互不相同的元素；$y_1, y_2, \cdots, y_t$ 是 Z_q 上的 t 个元素。则存在一个次数最高的 $t-1$ 多项式 $f(x) \in Z_q[x]$ 使得对于所有的 $1 \leqslant i \leqslant t$，$y_i = f(x_i)$。

$$f(x) = \sum_{i-1}^{t} y_i \prod_{j=1; j \neq i}^{t} \frac{x - x_j}{x_i - x_j} \bmod q$$

假设：q 是一个大素数；$s \in Z_q$ 为共享秘密；t 为秘密共享门限值；参与者集合 $U = \{u_1, u_2, \cdots, u_n\}$；参与者 u_i 的公开身份识别仍用 u_i 表示，$u_i \in Z_q$ 且不为零，$1 \leqslant i \leqslant n$。Shamir$(t, n)$门限共享方案实现如下：

步骤 1：分发者随机构造一个 $t-1$ 次多项式 $f(x) \in Z_q[x]$，使得 $f(x)$ 的常数项为共享密钥 s。

$$f(x) = s + a_1 x + a_2 x^2 + \cdots + a_{t-1} x^{t-1} \bmod q$$

式中，$a_1, a_2, \cdots, a_{t-1}$ 是分发者在 Z_q 上随机选取的整数。

步骤 2：分发者根据每个参与者的公开身份识别 u_i，计算其份额 $y_i = f(u_i) \bmod q$。

步骤 3：将 y_i 秘密地传送给参与者 u_i。

当需要进行秘密恢复时，只要大于等于 t 个参与者提供其份额，就可以将秘密 s 恢复出来。不失一般性，假定参与者 $u_1, u_2, \cdots, u_t$ 提供其份额信息 $y_1, y_2, \cdots, y_t$。根据拉格朗日插值公式，参与者集合可以唯一地确定多项式：

$$f(x) = \sum_{i-1}^{t} y_i \prod_{j=1; j \neq i}^{t} \frac{u - u_j}{u_i - u_j} \bmod q$$

从而恢复共享秘密 $s = f(0)$。

因为

$$s = f(0) = \sum_{i-1}^{t} y_i \prod_{j=1; j \neq i}^{t} \frac{-u_j}{u_i - u_j} \bmod q$$

若令

$$b_i = \prod_{j=1; j \neq i}^{t} \frac{u - u_j}{u_i - u_j} \bmod q$$

则 $s = f(0) = \sum_{i-1}^{t} b_i y_i$。而 $u_i (1 \leqslant i \leqslant n)$ 为公开值，所以 b_i 可以提前计算以加快重构秘密 s 的运算速度。

Liu 等在 2000 年提出了一种基于 Shamir(t, n) 门限秘密共享方案的多轮拍卖协议，运用该秘密共享方案，该电子拍卖机制可以确保没有关于丢失投标人的信息被泄露，并且卖方可以从中标方收取电子货币。另外，该方案可以容易地转换成二次投标的密封拍卖[90]。下面对 Shamir(t, n) 门限秘密共享方案在此电子拍卖机制中的应用进行具体介绍。该方案提出了基于 Shamir(t, n) 门限秘密共享的多轮拍卖协议，该协议的特点是：①隐私，除中标者之外，没有泄露任何投标人的投标值；

②不可抵赖性，可以从中标者处收取付款；③支持标准密封投标和二次标签密封投标。

1. 该方案拍卖模型

假设有 n 个投标人、m 个拍卖服务器、1 个卖家和 1 个注册机构。该方案假设最多 $t-1$ 个拍卖服务器合谋试图揭示出价者的投标值。

2. 涉及的符号

涉及的符号具体如下。

（1）p：在 Shamir 门限秘密共享方案中，一个大质数作为模数。

（2）$\alpha_i \in Z_p (i=1,2,\cdots,m)$：指向与第 i 个拍卖服务器相关。

（3）$S_R(\cdot)$：注册机构用其私钥产生的数字签名。

（4）$E_A(\cdot)$：用卖方公钥加密的函数。

（5）$E_j(\cdot)$：使用第 j 个投标人的公钥加密的函数。

（6）$<m_j, \sigma_{bank}(m_j), \gamma_j>$：由第 j 个投标人从银行取出一枚数字硬币，m_j 是一枚硬币的描述，$\sigma_{bank}(m_j)$ 描述银行的签名，而 γ_j 是在购买时使用的一些辅助信息。

（7）j：第 j 个投标人的秘密身份。

（8）$ID_j^l = E_A(j\|S_R(j)\|r_j^{(l)})$：第 j 个投标人在价格 w_l 上的公开身份，$r_j^{(l)}$ 是一个随机填充。

（9）$ID_j = (ID_j^1, ID_j^2, \cdots, ID_j^k)$：第 j 个投标人的公共 ID 向量。

（10）$ID_{sum}^l = \sum_{j=1}^n E_A(j\|S_R(j)\|r_j^{(l)})$：价格 w_l 的所有投标人的公共身份的总和。

（11）$ID_{sum} = (ID_{sum}^1, ID_{sum}^2, \cdots, ID_{sum}^k)$：所有投标人的公共 ID 向量的和，称为 ID 和向量。

（12）$BidMoney_i = E_A <m_j, \sigma_{bank}(m_j), \gamma_j>$：第 j 个投标人的投标资金。

3. 标准的密封拍卖方案的描述

该方案由以下子协议组成。

1）注册

（1）拍卖期间，注册机构向第 i 个拍卖服务器发出明确的 $\alpha_i \in Z_p$ 点，这些是公开的。

（2）注册机构向卖方颁发一个公共密钥证书。

（3）所有的 n 个投标人都在注册机构注册，并且注册机关对每个投标人颁发一个独特的公钥证书。

（4）注册机构使用秘密序列号 j 来标识每一个出价者，并将 $E_j(j, S_R(j))$ 发送给投标人，$j = 1, 2, \cdots, n$。

（5）第 j 个投标人产生自己的公共 ID 值是 $\mathrm{ID}_j^l = E_A(j \| S_R(j) \| r_j^{(l)} \neq 0)$。然后得到其 ID 向量 $\mathrm{ID}_j = (\mathrm{ID}_j^1, \mathrm{ID}_j^2, \cdots, \mathrm{ID}_j^k)$。很明显，只有卖方才能解密投标人的公共 ID，来找到他的秘密 ID 号码 j。

2）查询

卖方给一个商品发布了 k 个价格，$w_1, w_2, \cdots, w_k$，价格是升序的。

3）投标

（1）第 j 个投标人 $(j = 1, 2, \cdots, n)$ 从他愿意支付的金额中取出一枚数字硬币，并建造投标资金 $\mathrm{BidMoney}_i = E_A(<m_j, \sigma_{\mathrm{bank}}(m_j), \gamma_j>)$，$r_l^{(l)}$ 是一个随机填充。很容易看出，只有卖家才能解密投标资金（bid money），来获得数字货币 $<m_j, \sigma_{\mathrm{bank}}(m_j), \gamma_j>$。第 j 个投标人随机选择了形式为 $f_j^l(x) = s_1^{(l)} + a_1^{(l)} x + \cdots + a_{t-1}^{(l)} x^{t-1} (\mathrm{mod}\ p)$ $(l = 1, 2, \cdots, k)$，$g_j(x) = s_2 + b_1 x + \cdots + b_{t-1} x^{t-1} (\mathrm{mod}\ p)$ 的 $k+1$ 个多项式，并把 $\{f_j^1(\alpha_i) \| f_j^2(\alpha_i) \| \cdots \| f_j^k(\alpha_i) \| g_j(\alpha_i) \cdot S_j[f_j^1(\alpha_i) \| f_j^2(\alpha_i) \| \cdots \| f_j^k(\alpha_i) \| g_j(\alpha_i)]\} (j = 1, 2, \cdots, m)$ 发送到第 i 个拍卖服务器。自由变量以以下方式设置：当且仅当他愿意以 w_l 为出价时，$s_l^{(l)} = \mathrm{ID}_j^l$；否则，$s_l^{(l)} = 0$，且 $s_2 = \mathrm{BidMoney}_i$。

（2）每个拍卖服务器 i 从第 j 个 $(j = 1, 2, \cdots, n)$ 投标人那里收到一个共享向量 $f_j^1(\alpha_i), f_j^2(\alpha_i), \cdots, f_j^k(\alpha_i)$ 和投标资金的一部分 $g_j(\alpha_i)$，每个拍卖服务器校验消息是在第 j 个投标人在投标人的公钥的帮助下签署的。

4）公开

（1）第 i 个拍卖服务器为每个 k 价格计算 $F^l(\alpha_i) = f_1^l(\alpha_i), f_2^l(\alpha_i), \cdots, f_n^l(\alpha_i) (l = 1, 2, \cdots, k)$。

（2）从最高价格 w_k 下降，拍卖服务器在聚合多项式 $F^l(\alpha_1),F^l(\alpha_2),\cdots,F(\alpha_m)$ 的 m 个点的帮助下找到某价格 w_u 第一个非零 ID-sum 值 ID_{sum}^u，这意味着 $\text{ID}_{\text{sum}}^u \neq 0,\text{ID}_{\text{sum}}^l \neq 0, l = u+1,u+2,\cdots,k$。

（3）拍卖服务器发布部分的 ID-sum 向量 $\text{ID}_{\text{sum}} = (\text{ID}_{\text{sum}}^u,0,\cdots,0)$。然后通过从左到右校验部分 ID-sum 向量中的第一个非零项的 ID_{sum}^u，每个人都可以知道最高的出价是 w_u。

（4）如果投标人发现他的 ID_j^u 与 ID_{sum}^u 相同，则知道他是赢家，并向拍卖服务器显示 $j,S_R(j)$ 和 $r_j^{(u)}$ 作为证明。

5）宣告

（1）如第 j 个投标人宣布自己是赢家，拍卖人将校验 $\text{ID}_{\text{sum}}^u = E_A(j \| S_R(j) \| r_j^{(u)})$ 是否相等。如果确信第 j 个投标人是中标者，执行第（2）步，否则决定第 j 个投标人是不诚实的，执行第（4）步。另外，如果没有人宣布为中标者，拍卖服务器就会要求卖方解密 ID_{sum}^u。如果卖方能找到一个 j 满足的 $\text{ID}_{\text{sum}}^u = E_A(j \| S_R(j) \| r_j^{(u)})$，他将宣布中标者是第 j 个投标人，并进入第（2）步，否则卖方决定，至少有两个投标人出价 w_u。因此，他为商品重新设定价格 k， $w_1',w_2',\cdots,w_k'$ 且 $w_1' \geqslant w_u$，并告诉拍卖服务器开始下一轮拍卖，拍卖服务器放弃了所有的投标，包括 ID 值和投标资金。再次执行轮询协议。

（2）拍卖人用 $g_j(\alpha_1),g_j(\alpha_2),\cdots,g_j(\alpha_m)$ 来构造第 j 个投标人的投标资金 BidMoney_i。

（3）拍卖服务器向卖方提交 BidMoney_i，卖方将其解密，来获得 $<m_j,\sigma_{\text{bank}}(m_j),\gamma_j>$，通过验证银行的签名来确定它是否是有效的数字货币。如果 $<m_j,\sigma_{\text{bank}}(m_j),\gamma_j>$ 是一种有效的数字货币，则将向中标者交付商品，并将钱存入银行账户，拍卖结束。另外，如果 $<m_j,\sigma_{\text{bank}}(m_j),\gamma_j>$ 是无效的，卖方向拍卖服务器出示 $<m_j,\sigma_{\text{bank}}(m_j),\gamma_j>$，并且拍卖服务器校验等式 $\text{BidMoney}_i = E_A<m_j,\sigma_{\text{bank}}(m_j),\gamma_j>$，以确保卖方没有说谎。

（4）拍卖服务器告诉注册机构来发布第 j 个投标人的真实身份，并宣布他的恶名。

（5）拍卖人从 $F^l(\alpha_1),F^l(\alpha_2),\cdots,F^l(\alpha_m)$ 中回收并放弃第 j 个投标人的投标

$F^l(\alpha_1), F^l(\alpha_2), \cdots, F^l(\alpha_m)$ ，并从 $F^l(\alpha_1) - f_j^l(\alpha_1), F^l(\alpha_2) - f_j^l(\alpha_2), \cdots, F^l(\alpha_m) - f_j^l(\alpha_m)$ $(l = k, k-1\cdots)$ 中找到第 1 个非零的 $\mathrm{ID}_{\mathrm{sum}'}^{u'}$。很容易校验 $\mathrm{ID}_{\mathrm{sum}'}^{u'} = \mathrm{ID}_{\mathrm{sum}'}^{u'} - \mathrm{ID}_j^{u'} \neq 0$ 和 $\mathrm{ID}_{\mathrm{sum}'}^{u'} = \mathrm{ID}_{\mathrm{sum}}^l - \mathrm{ID}_j^l = 0(l = u'+1, u'+2, \cdots, k)$。

（6）拍卖人发布新的部分 ID-sum 向量 $\mathrm{ID}_{\mathrm{sum}} = (\mathrm{ID}_{\mathrm{sum}'}^{u'}, 0, \cdots, 0)$。执行公开协议的第（4）步。

4. 一个简单的例子

假设有 3 名投标人，如 Alice、Bob 和 Eve，他们在注册机构注册，并得到了秘密身份 1、2、3。Ailce 是投标人 1，Bob 是投标人 2，Eve 是投标人 3。假设有 3 个拍卖服务器和 1 个注册机构，3 个拍卖服务器分别为拍卖服务器 1、拍卖服务器 2、拍卖服务器 3，且 3 个拍卖服务器分别定义为 α_1、α_2 和 α_3。假设价格的数组是 $\{1, 2, 3\}$。

假设投标人 1 想投标价格 1，投标人 2 想投标价格 2，投标人 3 想投标价格 3。我们在示例中使用（3, 3）门限方案。

投标人 1 随机抽取 3 个多项式，为 $f_1^1(0) = \mathrm{ID}_1^1, f_1^2(0) = 0, f_1^3(0) = 0$ 来得到他的 ID 向量 $(\mathrm{ID}_1^1, 0, 0)$，并选择等级 2 的多项式为 $g_1(0) = \mathrm{BidMoney}_1$，且 $\mathrm{BidMoney}_1 = E_A(<m_1, \sigma_{\mathrm{bank}}(m_1), \gamma_1>)$ 是投标人 1 的出价。

投标人 2 随机抽取 3 个多项式，即 $f_2^1(0) = \mathrm{ID}_2^1$，$f_2^2(0) = \mathrm{ID}_2^2$，$f_2^3(0) = 0$ 来得到他的 ID 向量 $(\mathrm{ID}_2^1, \mathrm{ID}_2^2, 0)$，并选择了一个多项式，如 $g_2(0) = \mathrm{BidMoney}_2$，这样 $\mathrm{BidMoney}_2 = E_A(<m_2, \sigma_{\mathrm{bank}}(m_2), \gamma_2>)$ 就是投标人 2 的出价。

投标人 3 随机抽取 3 个多项式，即 $f_3^1(0) = \mathrm{ID}_3^1$，$f_1^2(0) = 0$，$f_1^3(0) = 0$ 来得到他的 ID 向量 $(\mathrm{ID}_3^1, 0, 0)$，并选择了一个多项式，如 $g_3(0) = \mathrm{BidMoney}_3$，这样 $\mathrm{BidMoney}_3 = E_A(<m_3, \sigma_{\mathrm{bank}}(m_3), \gamma_3>)$ 就是投标人 3 的出价。轮询协议和公告协议分别如图 4.1 和图 4.2 所示。

5. 拍卖方案的安全性分析

本节提出的电子拍卖方案基于 Shamir 门限秘密共享方案。由于 p 选值非常大，来自 Z_p 的几个随机非零元素的总和不可能为 0（即 $1/p$ 非常小）。因此，几个投标人的非零 ID 值的总和不可能是 0。

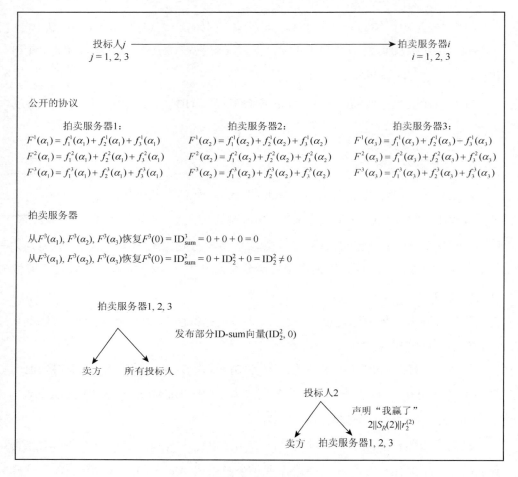

图 4.1　轮询协议

　　当几个投标人以同样最高的价格出价时，就会出现平局，可以通过下一轮投标来解决，如宣告协议的步骤（1）所述。

　　投标失败的投标人身份和投标的价格不会被泄露，只有中标价格和赢家的公共 ID 值是公开的，因为拍卖服务器只获得 ID-sum 向量中的第一个非零项。

　　拍卖服务保证宣布正确的中标者，因为中标者持有他是赢家的证明，卖方可以测试中标者的声明。

　　只有卖家才能获得这笔钱，因为中标者的数字货币是由卖方的公钥加密的，所以只有卖家才能解密投标资金。

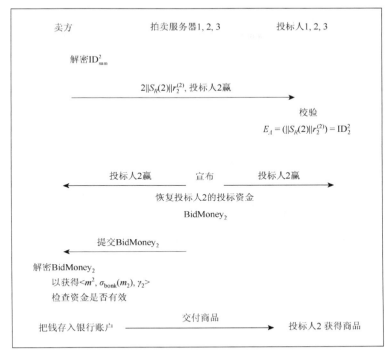

图 4.2　公告协议

　　由于拍卖人无法收回失败投标人的投标资金，因此卖方无法获得失败投标人的数字货币。

　　如果中标者没有提交正确的数字货币，拍卖服务器会在步骤（3）中发现，并要求注册机构在宣告协议的步骤（4）中公布不诚实中标者的真实身份。在步骤（5）和步骤（6）可以删除不诚实的投标人并恢复拍卖。

　　Shamir 门限秘密共享方案和公钥密码系统保证，除非 t 或 t 以上的拍卖代理服务器合谋，否则没有人可以获得任何关于失败投标人的 ID 值的信息。同样，除非 t 或 t 以上的投标人和卖家组合谋，否则没有人能从失败的投标人那里获得任何数字货币。此外，失败的投标人可以将数字货币存入银行账户并提取新的数字货币，以避免不法行为拍卖服务器和卖方合谋。

4.2.2　Feldman 可验证秘密共享方案

　　Feldman 可验证秘密共享方案为 Shamir 门限秘密共享方案的推广，设 $P =$

$\{P_1,\cdots,P_n\}$ 为 n 个参与者的集合，q 为一个大素数，$s \in \mathrm{GF}(q)$ 为要共享的秘密，g 为 $s \in GF(q)$ 的生成元。

1. 份额分发

秘密分发者 D 随机地从 $\mathrm{GF}(q)(q>n)$ 中选取 n 个不同的非零元素 $\{x_1,\cdots,x_n\}$ 分别作为 n 个参与者的身份标识，秘密空间和份额空间均为有限域 $\mathrm{GF}(q)$，以上参数均公开。分发者 D 任选一个 $k-1$ 次多项式，多项式的形式如下：

$$f(x) = a_0 + a_1 x + a_2 x^2 + \cdots + a_{k-1} x^{k-1}, \quad a_i \in GF(q)$$

式中，$a_0 = s$ 是要分发的秘密。分发者 D 根据参与者 P_i 的标识，计算 $s_i = f(x)$ 作为参与者 P_i 的份额，并将 s_i 通过安全信道传给参与者 P_i。同时 D 计算并广播承诺 $C_j = g^{a_j}(j=0,\cdots,k-1)$。每个参与者 P_i 收到自己的份额后，判断下式是否成立，若成立，则说明份额有效，否则要求 D 重新发送正确的份额：

$$g^{s_i} = \prod_{j=0}^{k-1} C_j^{(x_i)^j}$$

2. 密钥恢复

S 表示不少于 k 个参与者的集合，集合中的任何一个参与者 P_i 出示自己的份额 s_i，其他参与者都可以通过上式的验证方法验证 s_i 是否正确，否则要求 P_i 交出正确的份额。若 S 中任意 k 个参与者通过验证，则集合他们的份额 (x_i,s_i)，通过如下拉格朗日插值法推导出唯一多项式 $f(x_i)$，然后计算 $f(x_i)$ 在零点的值，从而恢复秘密 s。

$$f(x) = \sum_{i=1}^{k} f(x_i) \prod_{\substack{1 \leqslant j \leqslant k-1 \\ j \neq i}} = \frac{x-x_j}{x_i-x_j}$$

详细算法分析过程请参照参考文献[104]。

4.2.3　Pedersen 可验证秘密共享方案在电子拍卖中的应用

Pedersen 可验证秘密共享方案为 Feldman 可验证秘密共享方案的推广。设 $P=\{P_1,\cdots,P_n\}$ 为 n 个参与者集合，q 为一个大素数，$s \in \mathrm{GF}(q)$ 为要共享的秘密，g 为 $\mathrm{GF}(q)$ 的生成元，h 为 $\mathrm{GF}(q)$ 中的随机元素，并且各参与方都不知道 $\log_g h$。

1. 份额分发

分发者 D 随机地从 $s \in \mathrm{GF}(q)(q > n)$ 中选出 n 个不同的非零元素 $\{x_1, \cdots, x_n\}$ 分别作为 n 个参与者的身份标识，秘密空间和份额空间均为有限域 $\mathrm{GF}(q)$，以上参数均公开。分发者 D 任选两个 $k-1$ 次多项式，这两个多项式的形式分别如下：

$$f(x) = a_0 + a_1 x + a_2 x^2 + \cdots + a_{k-1} x^{k-1}, \quad a_i \in \mathrm{GF}(q)$$

$$g(x) = b_0 + b_1 x + b_2 x^2 + \cdots + b_{k-1} x^{k-1}, \quad b_i \in \mathrm{GF}(q)$$

式中，$s = a_0$ 是要分发的秘密。分发者 D 根据参与者 P_i 的标识，计算 $s_i = (f(x_i), g(x_i))$ 作为参与者 P_i 的份额。并将 s_i 通过安全信道传给参与者 P_i。同时 D 计算并广播 $C_j = g^{a_j} h^{b_j} (j = 0, \cdots, k-1)$。每个参与者 P_i 收到自己的份额后，判断下式是否成立，若成立，说明份额有效；否则，要求 D 重新发送正确的份额：

$$g^{f(x_i)} h^{g(x_i)} = \prod_{j=0}^{k-1} C_j^{(x_i)^j}$$

2. 秘密恢复

S 表示参与重构的不少于 k 个参与者的集合。S 中的一个任何参与者 P_i 出示自己的份额 s_i，其他参与者都可以通过下式验证 s_i 是否正确，否则要求 P_i 交出正确的份额。若 S 中有 k 个参与者通过验证，则集合他们的份额 $(x_i, f(x_i))$ 通过如下拉格朗日插值算法推导出唯一的多项式 $f(x)$，然后计算 $f(x)$ 在零点的值，从而恢复秘密 s。

$$f(x) = \sum_{i=1}^{k} f(x_i) \prod_{\substack{1 \leqslant j \leqslant k-1 \\ j \neq i}} = \frac{x - x_j}{x_i - x_j}$$

详细算法分析过程请参考文献[105]。

Peng 等于 2002 年提出了一个强大的隐私保护和可公开验证的密封投标拍卖方案。该方案基于 Pedersen 可验证秘密共享方案，在中标或中标争议的情况下，要求所有投标人使用可验证加密技术对与各拍卖服务器和投标相对应的份额进行加密[92]。可验证秘密共享方案承诺的私人验证程序转换为公开的验证程序。如此乐观地使用公开验证，在没有争议的情况下大大减少了投标人的计算负担。此外，在发生争议时，它保护投标的价值和投标人的身份。图 4.3 所示为所有参与者诚实行事时的拍卖程序。下面的内容将提供拍卖的详细描述。

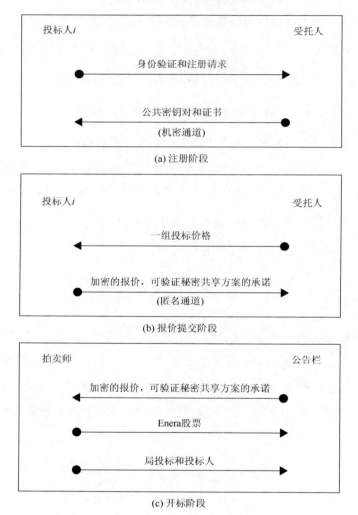

图 4.3　拍卖程序（乐观的情况）

3. 参数初始化

该方案有三种类型的参与者：n 个竞买人 $b_i(i \in Z_n)$、m 个拍卖人（服务器）$(j \in Z_m)$ 和一个不知情的第三方 T。T 是可信的且只为投标人提供基于信任的匿名服务。

（1）各方都可以在一个公告栏上公布公开信息，且公共信息不能被修改或删除。

（2）有 w 个可投标价格 $p_l(l \in Z_w)$，它们是由拍卖人在公告栏上发表的。

（3）拍卖人选择大素数 p 和 q（q 能除尽 $p-1$），Q 阶 G_q 是 Z_p^* 的一个子群。

（4）g 和 h 是 G_q 中独立的原始元，所以无人知道 $\log_g h$，它们由拍卖人发表在公告栏上。

（5）每一个拍卖师在公告栏发布他的公钥证书。对第 j 个拍卖商的加密用 $E_j(\cdot)$ 表示，相应的解密函数为 $D_j(\cdot)$。假定加密可以在需要时扩展为公开验证。在实践中，可以使用单独的加密算法来实现这一目标。

（6）每个投标人 b_i 都有一个长期认证的公钥 y_i 和相应的私钥 x_i。

$E(x,y) = g^x h^y$ 表示 x 的承诺信息。共享门限值是 k，这意味着 k 或更多的正确份额足以重建秘密。

4. 注册阶段

每个投标人以一个适当的方式 T 进行身份验证。投标人 b_i 和 T 在一个安全的通道里执行下面的交流。

（1）T 安全地选择一个私钥 $\hat{x}_i$ 并计算相应的公钥 $\hat{y}_i$，它将成为 b_i 的假名。

（2）T 向私钥和假名承诺，并签署公钥和承诺 $\mathrm{Com}\_T_i = H(b_i, r_i)$ 和 $\mathrm{Sig}\_T_i = \mathrm{SIG}_T(\hat{y}_i, \mathrm{Com}\_T_i)$，其中 r_i 是 T 选的一个随机整数。

（3）T 向 b_i 发送私钥 $\hat{x}_i$、随机整数 r_i 和证书 $C_i = (\hat{y}_i, \mathrm{Com}\_T_i, \mathrm{Sig}\_T_i)$。

（4）b_i 验证 $\mathrm{Com}\_T_i = H(b_i, r_i)$ 和 $\mathrm{Sig}\_T_i = \mathrm{SIG}_T(\hat{y}_i, \mathrm{Com}\_T_i)$。

5. 投标提交阶段

每个投标人 b_i，决定他的估价 $\hat{l} \in Z_w$，$\{s_{i,l} = 0 | l > \hat{l}\}$，$\{s_{i,l} = R_{i,l} \in rZ_R$ 和 $R_{i,l} \neq 0 | l \leq \hat{l}\}$。每个投标人都选择随机整数 w，$t_{i,l} < q$ 和 $l \in Z_w$，并执行以下步骤来提交投标书。

（1）份额计算。对于可出价格的秘密投标值可以用下面的等式被每个拍卖商分享：

$$S_{i,l,j} = f_{i,l}(j+1)$$
$$t_{i,l,j} = g_{i,l}(j+1)$$

对于所有 $l \in Z_w, j \in Z_m$，其中，$f_{i,l,r}$ 和 $g_{i,l,r}$ 是从 Z_q 中选取的秘密随机值 $(r = 1, 2, \cdots, k-1)$；$f_{i,l}(x) = \sum_{r=0}^{k-1} f_{i,l,r} x^r \bmod q, f_{i,l,0} = s_{i,l}, g_{i,l}(x) = \sum_{r=0}^{k-1} g_{i,l,r} x^r \bmod q$ 并且 $g_{i,l,0} = t_{i,l}$。

（2）公共承诺的计算。每一个价格的投标承诺 $s_{i,l}$，以及每一个价格的多项式系数的承诺，使用以下公式计算：

$$\{E_{i,l,0} = E_{(s_{i,l},t_{i,l})} \mid \forall l \in Z_w\}$$
$$\{E_{i,l,r} = E_{(f_{i,l,r}, g_{i,l,r})} \mid \forall l \in Z_w, \forall r \in Z_k \setminus \{0\}\}$$

（3）承诺的公布。包括以下内容的公共信息 PUB_i 发表在公告栏：①证书 C_i；②一组承诺 $\{E_{i,l,r} \mid \forall l \in Z_w, \forall r \in Z_k\}$；③在投标中使用假名的签名，$\hat{\sigma}_i = \text{SIG}_{\hat{x}_i}(\{\hat{y}_i \| E_{i,l,r} \mid \forall l \in Z_w, \forall r \in Z_k\})$；④签名 $\sigma_i = \text{SIG}_{\hat{x}_i}(\hat{x}_i \| \{E_{i,l,r} \mid \forall l \in Z_w, \forall r \in Z_k\})$。在公布信息的最后期限，$\sigma_i$ 即使对应于私钥 x_i 的公开密钥公开可用，也不能在此阶段公开验证。这是因为与此签名相对应的信息不公开，而且 $\hat{x}_i$ 是投标人与受托人之间的共享秘密，T 对于保护投标人的匿名性至关重要。该签名信息对于投标人确定可信方 T 来提交出价很重要，T 只信任保护失败投标身份，所以这个 T 签名对于限制对 T 的信任非常有用。

（4）对于拍卖人之间的秘密交流。每个秘密投标值的第 j 个拍卖人的份额被整理成 $B_{i,j} = (\hat{y}_i, \{s_{i,l,j}, t_{i,l,j} \mid \forall l \in Z_w\})$ 的形式，投标人将下列信息发送给公告栏：

$$V_{i,j} = E_j(B_{i,j}, \text{SIG}_{\hat{x}_i}(B_{i,j}))$$

6. 开标阶段

如果中标不可否认，对于每个投标人 b_i 和每一个密封投标，T 可以在数据结构 PUB_i 中验证 σ_i，这个过程将阻止中标人拒绝出价。在投标提交阶段结束时，拍卖人按以下方式开标。

签名验证。对每一个密封投标 PUB_i，可以将其发布在公告栏上：

（1）拍卖人在 PUB_i 中使用 $\hat{y}_i$ 验证整数 C_i 和签名 $\hat{\sigma}_i$；

（2）拍卖师 j 解密 $V_{i,j}$，并用 $\hat{y}_i$ 在 $B_{i,j}$ 上验证签名。

如果任何一个匿名投标人 $\hat{y}_i$ 的验证失败，那么投标人和其投标值将被从拍卖程序中移除，并且 $B_{i,j}$ 将以公开验证失败的签名元组在公告栏上公布。

恢复赢家价格。假定中标价格是最高的。一个二进制搜索策略可以用来确定中标价格。以下步骤以一种合适的方式迭代，直到找到可能的获胜价格。

1）投标加和

每个拍卖人 d_j 将发送给他的价格 p_l 的所有出价加起来以形成其价格的总价份额：

$$\{\hat{s}_{l,j} = \sum_i s_{i,l,j}, \hat{t}_{l,j} = \sum_i \hat{t}_{i,l,t} \mid \forall j \in Z_m, \forall i \in Z_n\}$$

这些普通份额在公告栏上公布，正确性可以让任何人通过下面的公式来验证：

$$\left\{ E(\hat{s}_{l,j}, \hat{t}_{l,t}) = \prod_{r=0}^{k-1} \left(\prod_{i=0}^{n-1} E_{i,l,r} \right)^{(j+1)^r} \middle| \forall j \in Z_m \right\} \tag{4.1}$$

如果式（4.1）满足不少于 k 个份额，则进入下一步，否则选择一个随机无效的份额 $\hat{s}_{l,j}$ 进行修正。在这种情况下，d_j 必须指出一份无效的原始份额 $s_{i,l,j}$，否则拍卖人将因错误地总结原始份额而被列入黑名单。拍卖人可以对以下等式进行不成功的验证，以控告投标人 $\hat{y}_i$，提交不正确的份额 $(s_{i,l,j}, t_{i,l,j})$：

$$E(s_{i,l,j}, t_{i,l,j}) = \prod_{r=0}^{k-1} E_{i,l,r}^{(j+1)^r} \tag{4.2}$$

如果 $\hat{y}_i$ 否认这一指控，那么就会产生争议。为解决纠纷，$\hat{y}_i$ 需要对每一位拍卖师的份额 $s_{i,l,j}$ 进行可验证的加密。如果它们是有效的，那么有效的原始份额 $s_{i,l,j}$ 可以从拍卖人那解密并重新计算 $s_{i,l,j}$。否则，拍卖人要求 T 恢复 $\hat{y}_i$ 的真实身份 b_i。在这种情况下，所有 $\hat{y}_i$ 的份额和公众信息都将从拍卖程序中移除。这个步骤迭代到有足够多的正确份额为止。

2）插值

从一组份额 $\{s_{l,j}\}$ 中得到 s_l，在价格 p_l 上使用拉格朗日插值可以使得不少于 k 个正确的份额集合在一起恢复所有投标的总和。任何局外人也可以执行拉格朗日插值来校验获胜价格的有效性。

7. 确定赢家

1）在 $\hat{p}_w$ 上公开投标值

每一个投标人在 $\hat{p}_w$ 上的份额都由拍卖人（服务器）公布。如果出价人对他的份额有异议，可以对其进行修改。执行以下验证：

$$E(s_{i,w,j},t_{i,w,j})=\prod_{r=0}^{k-1}E_{i,w,r}^{(j+1)^r}, \quad i=0,1,\cdots,n-1; \quad j=0,1,\cdots,m-1$$

验证可以由任何实体执行。如果不少于 k 的份额通过验证，他在 $\hat{p}_w$ 的投标被恢复。否则他的出价被移除。如果 $s_{i,w}\neq 0$，$\hat{y}_i$ 是一个可能的赢家。

2）向上公开

i 满足 $s_{i,w}\neq 0$ 的 $s_{i,w+1}$ 被打开。如果任何打开的 $s_{i,w+1}$ 都是非零的，有 i 满足 $s_{i,w}\neq 0$ 的 $w\leftarrow w+1$ 和 $s_{i,w+1}$ 被打开。这个步骤迭代直到 $s_{i,w+1}=0$ 为止。对于每个 i 都满足 $s_{i,w}\neq 0$，p_w 是获胜的价格。对于每个 i 满足 $s_{i,w}\neq 0$ 的 $\hat{y}_i$ 都是赢家的假名。

3）识别

所有的赢家都需要通过发布 b_i、$\hat{x}_i$ 和 r_i 来揭示他们的真实身份，其中胜者表示为 b_i。如果任何匿名的赢家 $\hat{y}_i$ 拒绝或不公开他的身份，拍卖师可以要求 T 恢复他的身份。在根据公告栏上可用的信息验证投标人实际上是一个赢家后，T 恢复真实身份 b_i 和假名私钥 $\hat{x}_i$，以及随机整数 $\hat{y}_i$ 中的 r_i。T 在公告栏上显示以上恢复的信息。任何实体都可以验证：

$$\text{Com}\_T_i^? = H(b_i,r_i), \quad \text{Sig}\_T_i^? = \text{SIT}(\hat{y}_i,\text{Com}\_T_i),$$
$$\sigma_i^? = \text{SIG}_{y_1}(\hat{x}_i\|\{E_{i,l,r}|\forall l\in Z_w,\forall r\in Z_k\})$$

如果前两个验证中的任何一个失败了，那么 T 就是不诚实的，并且可以被追究责任。如果最后的验证失败，则赢家的投标被删除并且重新计算。

4.3　比特承诺技术

当 Alice 向 Bob 承诺一个预测，直到一段时间之后才揭示这个预测；在此期间，Alice 不能改变自己的预测。这就是比特承诺需要解决的场景。Blun 在 1982 年首先提出了比特承诺的概念[106]。比特承诺包括两个阶段：承诺阶段和打开阶段。在承诺阶段，Alice 选择一个要承诺的比特或者比特序列 b，且把此比特消息 m 发送给 Bob。在打开阶段，Alice 把打开承诺的消息 d 和 b 发送给 Bob，Bob 用 d 打开消息 c，验证 b 是否为 Alice 承诺的比特。

一个安全的比特承诺方案需要满足隐藏性和绑定性。隐藏性：在承诺阶段，接收方不能得到发送方承诺的比特值。如果接收方不能从发送的消息中得到关于承诺的任何消息，则认为这个承诺方案是完善隐蔽的。绑定性：给定承诺阶段的交互信息，接收方只能接收一个合法的承诺，即发送方不能在打开阶段改变自己承诺的比特。

在设计安全的电子拍卖方案过程当中也常会应用比特承诺[107, 108]。最常用的比特承诺为 Pedersen 承诺协议[109]。

本节主要介绍比特承诺的基本概念以及常用的承诺协议。

4.3.1 比特承诺的基本概念

定义 4.1 设 (P,V) 是一个交互式图灵机，$X,Y,C \subset \{0,1\}^*$ 为有限集，X 中元素的个数 $|X| \geqslant 2$；函数 $F: X \times Y \to C$ 称为安全的比特承诺，如果下述两个条件成立。

（1）隐藏性。$\forall x_0, x_1 \in X, \forall V^*, \left| 2\Pr[b \in_r \{0,1\}o; y \in_R Y; V^*(x_0, x_1, F(x_b, y)) = b] - 1 \right|$ 关于 $|X|$ 是可忽略的。

（2）绑定性。$\forall c \in C, \forall p^*$ 和任何辅助输入 $x' \| y', \Pr[P^*(c, x' \| y') = \{(x_0, y_0), (x_1, y_1)\}]$ 关于 $|X|$ 是可忽略的，这里 $x_0 \neq x_1, c = F(x_0, y_0) = F(x_1, y_1)$。

比特承诺是在双方不信任的条件下实现对某事认证的工具。一般地，比特承诺协议由生成和验证两部分构成。一个典型的比特承诺协议如下。

1. 生成

（1）Alice 生成两个随机数 x 和 y。

（2）Alice 将 x 和 y 与其所愿意承诺的比特 b 组成消息 (x,y,b)。

（3） Alice 计算 (x, y, b) 的单向函数值 $F(x, y, b)$，并把 y 和 $F(x, y, b)$ 发送给 Bob。

2. 验证

（1） Alice 将 (x, y, b) 发送给 Bob。

（2） Bob 计算 (x, y, b) 的单向函数值 $F(x, y, b)$，并与 c 中收到的结果相比较，同时将 d 中的 y 与 c 中收到的 y 相比较，如果都一致，则证明 Alice 的承诺合法。

这个协议的优点是不需要 Bob 送出任何信息，完全由 Alice 递送承诺比特和披露比特。有关比特承诺的更深入讨论和安全性讨论可以参照参考文献[109]。

常见的比特承诺方案有基于对称密码算法的、基于单向函数的以及基于数学难题的，包括基于大数分解的[110, 111]与基于离散对数的[112]，Pedersen 承诺就是一个基于离散对数问题的常用协议。

4.3.2　Pedersen 承诺协议

系统参数：p、q 是大素数，且 $q|p-1$，满足 Z_p 中离散对数问题是难解的，g 是 Z_p^* 的本原元，随机数 $y \in Z_p^*$。

承诺阶段：Alice 选择需要承诺的消息比特串 $m \in Z_q$，并生成随机数 $r \in Z_q^*$；计算 $c = g^r y^m \bmod p$ 作为对消息 m 的承诺，将 c 发送至 Bob。

打开阶段：Alice 将 m 与 r 发送给 Bob；Bob 通过收到的 r 打开承诺，验证 c 的计算是否与收到的承诺一致。如果一致，则认为承诺有效，否则无效。

Pedersen 承诺满足隐藏性，由于 $r \in Z_q^*$ 是随机选择的，因此 $c = g^r y^m \bmod p$ 也是 Z_q^* 中的随机数，Bob 无法从 c 中得到关于 m 的任何消息。

对于绑定性，假设 Alice 需要在打开阶段将承诺 m 改为 m'，需要寻找 r'，满足 $g^{r'} y^{m'} = g^r y^m \bmod p$，即 $g^{r'-r} = y^{m-m'} \bmod p$。Alice 需要计算 y 的离散对数 $y = g^{(r'-r)(m-m')^{-1}} \bmod p$，为难解问题，因此 Alice 无法改变承诺值。

关于比特承诺在电子拍卖中的实例应用将在 4.4 节介绍。

4.4 姚氏百万富翁问题及其应用实例

姚氏百万富翁问题最初是由 Yao 在 1982 年提出的[113]。Yao 提出了一个这样的问题：两个百万富翁 Alice 和 Bob 想知道他们两个谁更富有，但他们都不想让对方知道有关自己财富的任何信息，这就是姚氏百万富翁问题。姚氏百万富翁问题经过 Goldreich 等[114]的发展，已经成为现代密码学中一个非常活跃的研究领域。因此，姚氏百万富翁问题[114]在实际场景中也得到了广泛的应用，尤其是在对电子拍卖的安全协议设计当中，多用于保护投标人投标值的隐私性[98, 107, 108, 115]。

Zhang 等在 2000 年首次采用姚氏百万富翁问题和比特承诺协议设计了一个新的安全电子拍卖机制，该方案确保除了中标者，其他失败的投标人所有的投标都是秘密的[107]。Hinkelmann 等在 2011 年构建了基于 Yao 的加密电路和伪随机发生器（PRNG），提出了一种电子拍卖的加密的 t 私有协议，该方案资源需求低，使其成为可行的实际应用[98]。

本节主要介绍姚氏百万富翁问题以及姚氏百万富翁问题在电子拍卖中的应用。

4.4.1 姚氏百万富翁问题

这个方案用于对两个数进行比较，以确定哪一个较大。Alice 知道一个整数 i；Bob 知道一个整数 j。Alice 与 Bob 希望知道究竟是 $i \geqslant j$ 还是 $j > i$，但是都不想让对方知道自己的数。简单起见，假设 i 与 j 的范围为[1, 100]。Bob 有一个公开密钥 E_B 与私有密钥 D_B。

（1）Alice 选择一个大随机数 x，并用 Bob 的公开密钥加密得到 $c = E_B(x)$。

（2）Alice 计算 $c - i$ 的值并发送给 Bob。

（3）Bob 计算 y_u 的值：

$$y_u = D_B(c - i + u), \quad u = 1, 2, \cdots, 100$$

式中，D_B 是 Bob 的私有解密密钥。Bob 选择一个大的素数 p（p 应该比 x 稍小一点，Bob 不知道 x，但 Alice 能容易地告诉他 x 的大小）。然后计算下面的 Z_u：

$$Z_u = (y_u \bmod p), \quad u = 1, 2, \cdots, 100$$

验证对于所有的 $u \neq v$：

$$|z_u - z_v| \geqslant 2$$

并对所有的 u 进行验证：

$$0 < z_u < p-1$$

如果不成立，Bob 就选择另一个素数并重复验证。

（4）Bob 将以下数列发送给 Alice：

$$z_1, z_2, \cdots, z_j, z_{j+1}+1, z_{j+2}+1, \cdots, z_{100}+1, p$$

（5）Alice 验证这个数列的第 i 个数是否与 x 模 p 同余。如果同余，则得出的结论是 $i \leqslant j$；如果不同余，则得出的结论是 $i > j$。

（6）Alice 把这个结论告诉 Bob。

假设该方案需要比较两个数的长度（十进制表示的位数）为 n，数的范围就是 10^n，是输入规模的指数。在上述例子中两个数的长度为 2，则数的范围就是 100，（2）中要解密的次数、（3）中模运算的次数、（5）中要验证的次数都是 10^n，（4）中要验证的次数为 $10^{2n}/2$。因此计算复杂性为输入规模的指数函数。如果输入规模为 50，那么计算复杂性为 $O(10^{50})$，这样的计算复杂性实际上是不可能实现的。因此，这个方案对于比较两个较大的数是不实用的。

4.4.2　姚氏百万富翁问题在电子拍卖中的应用

Zhang 等在 2000 年第一次采用姚氏百万富翁问题和比特承诺协议设计了一个新的安全电子拍卖机制，该方案确保除了中标者，其他失败的投标人所有的投标都是秘密的[107]。下面具体介绍百万富翁问题和比特承诺如何应用在拍卖协议当中保证协议的安全性。

该安全的电子拍卖方案具体执行过程如下。

1. 参与者

S：卖方，卖方把拍卖的东西放在这里，希望投标人尽可能以高价购买自己的展品。

　　A：拍卖人，拍卖人是由卖方所承认或由拍卖代理人来管理拍卖过程的人。

　　B：投标人，投标人在拍卖过程中招标，并且投标人之间相互竞争。我们假定有 n 个投标人。

　　R：注册机构：注册机构是网络中的可信代理。

2. 注册

　　每个投标人发送投标申请给 R，R 验证程序的规则，然后为每个投标人 B_i 分配一个标签的一个公钥证书。每个 B_i 都公开他的公钥。投标人和代理人针对方案中使用的随机整数 x 和素数 P_i 的权利达成一致（如 150 位数字）。

3. 拍卖过程

　　（1）卖家 S 给出一些价格：$w_1, w_2, \cdots, w_k$。w_i 通常是一个 1～100 的数字，如 \$25100, \$25200, \cdots, \$426700，为了简化计算，我们替换成 51, 52, $\cdots$, 67。

　　（2）每个投标人 B_i 选择他的投标值（或者价格）w_s^i，并且应用比特承诺协议用他的投标值（或者价格）w_s^i 来产生他的承诺：$(H(R_i, R_i', w_s^{(i)}), R_i)$。并且发送给 A。

　　（3）A 设定最高价格，并按照以下协议来决定每个投标人 B_i 的投标价格。

　　① A 发送 $E_{B_i}(x) - w_k$ 给每个投标人，x 是一个大的随机整数。

　　②每个 B_i 计算 100 个数据：

$$y_u = D_{B_i}(E_{B_i} - w_k + u), \quad 1 \leqslant u \leqslant 100$$

式中，D_{B_i} 代表用密钥解密 $E_{B_i}(x) - w_k + u$。他选择一个大的素数 P_i（P_i 应该比 x 小），并且计算 100 个数据：

$$z_u = y_u \bmod P_i, \quad 1 \leqslant u \leqslant 100$$

他验证所有 u，$0 < z_u < p - 1$ 和所有 $u \neq v$ 的情况，是否满足 $|z_u - z_v| \geqslant 2$。如果等式不成立，他应该选择另一个素数再试一次，直到他成功。

　　③ B_i 随机选择一个整数 x_i 并且发送下面的序列给 A。

$$x_i z_1, x_i z_2, \cdots, x_i z_{w_s^{(i)}}, x_i (z_{w_s^{(i)}+1} + 1),$$
$$x_i (z_{w_s^{(i)}+2} + 1), \cdots, x_i (z_{100} + 1), P_i$$

④ A 收到每个 B_i 发送的序列。

⑤ A 让每个 B_i 发送随机整数 x_i 给他，并且他从原始序列中删除 x，并获得序列：

$$z_1, z_2, \cdots, z_{w_s^{(i)}}, z_{w_s^{(i)}} + 1, z_{w_s^{(i)}+2} + 1, \cdots, z_{100} + 1, P_i$$

A 也公开这些序列。

A 验证 B_i 序列中的第 w_k 个数是否等于 $x(\text{mod } p)$；如果相等，则 A 知道 $w_k \leqslant w_s^{(i)}$；如果不相等，则 $w_k > w_s^{(i)}$。

⑥如果 A 证实某人已经出价，这个投标人就是赢家。

如果 A 证实有多个投标人出到这个价格，那么卖方应该在原始最高价格上增加一个价格，并且几个投标人在拍卖中继续竞争。

如果 A 确认没有人出价，他应该选择 w_{k-1} 替换 w_k 并且重复过程，直到他找到投标赢家。A 要求经过验证的投标人发送他的另一个随机数 R_i'，通过比特承诺来公开承诺，并且验证 $H(R_i, R_i', w_s^{(i)})$ 是否等于 $H(R_i, R_i', w_j)$ ($j = k-1, k-2, \cdots$)。如果不相等，这表明 B_i 改变他的投标值，A 会拒绝 B_i，如果不遵守协议约定而改变投标值，就不可能成为赢家，得到 S（卖家）的东西。

为了防止一些投标人在拍卖过程中改变投标值，运用比特承诺协议可以防止篡改投标值；所以如果他改变了他的出价，他就永远不可能成为赢家。

运用姚氏百万富翁问题的安全多方计算协议，A 早知道结果，A 可能会欺骗 B_i，为了防止这种情况，每个 B_i 都应该使得他发送给 A 的序列公开。

每个投标人 B_i 在他发送投标值给 A 之前，都应当用一个盲化因素（或者说一个随机数）x_i（$x_i < P$）来盲化序列，从而避免 A 泄露部分信息给其他投标人 B_j。

4.5　零知识证明及其应用实例

零知识证明（ZKP）是在 1989 年由 Goldwasser 等首先引入的，用于证明某些断言的有效性，而不揭示除有效性之外的任何信息的断言[116]。它指的是证明者能够在不向验证者提供任何有用的信息的情况下，使验证者相信某个论断是正确的。零知识证明实质上是一种涉及两方或更多方的协议，即两方或更多方完成一项任务所需采取的一系列步骤。证明者向验证者证明并使其相信自己知道或拥有某一消息，但证明过程不能向验证者泄露任何关于被证明消息的信息。大量事实证明，零知识证明在密码学中非常有用。如果能够将零知识证明用于验证，将可以有效解决许多问题。因此在设计电子拍卖安全协议时，我们也常常利用零知识证明这一技术[14, 29, 35, 36, 39, 45, 47, 48, 84, 94-96, 108, 117-122]。

Mu 和 Varadharaian 在 2000 年设计了互联网匿名拍卖机制，利用离散对数证明等技术为投标人和拍卖服务器提供投标人的匿名性和公平性[14]。2001 年，Lee 等探讨了一次性注册和公开验证的高效公开拍卖[117]。该方案使用 Camenisch 和 Stadler[3]引入的离散对数的知识签名作为匿名方案。2007 年，Ha 等[95]探讨了打击虚假招标双向拍卖协议，该方案使用 Lee 等[117]介绍的知识签名作为匿名签名，他们扩展了 Camenisch 和 Stadler 引入的知识离散对数的签名。到 2016 年，Thapa 等提出的分散在线社交网络的安全和私人拍卖框架设计方案，引入的零知识证明是密码学中的重要工具[39]。证明者可以使用零知识证明协议来证明对验证者拥有某些信息，而不会泄露信息。在线社交网络中缺少可信赖的中央机构使得网络本身就容易受到恶意意图的用户攻击，而不遵循所提出的拍卖协议。此外，方案中强有力的隐私保护要求，必须保护投标人的匿名性和投标价格的隐私性，进一步使所有参与者执行正确的协议变得更为复杂。为了确保投标人正确遵守拟议的拍卖协议，该方案在协议的不同步骤使用零知识证明：离散对数知识证明、两个离散对数的平等证明、证明加密值是两个值中的一个。

下面主要介绍知识签名及其应用实例，以及关于离散对数的零知识证明及其应用实例。

4.5.1　知识签名及其应用实例

1. 知识签名

使用 Camenisch 和 Stadler[3]引入的离散对数的知识签名作为匿名签名方案。设

x 为签名者的私钥，$y=g^x$ 为相应的公钥。$(c,s)\in\{0,1\}^l\times Z_q$ 满足 $c=h(m\|y\|g\|g^sg^c)$，其中 l 是一个安全哈希函数的参数，(c,s) 是元素 $y\in Z_p$ 的离散对数知识的签名。已知私钥 $x=\log_g y$，通过选择一个随机数 $k\in Z_p$ 可以计算一个知识签名。

$$c=h\left(m\|y\|g\|g^k\right) \text{ 和 } s=k-cx \bmod q$$

且通过校验 $c\overset{?}{=}h\left(m\|y\|g\|g^sg^c\right)$ 进行验证。我们把这个知识签名表示为

$$V=\text{SK}[x:y=g^x](m)$$

SK 代表关于私钥 x 和在消息 m 上的一个签名。

如果 (y^r,g^r) 被挑战是指秘密随机数 $r\in Z_p$ 代替 (y,g)，该方案可以作为一个匿名签名方案。该签名者计算 (c,s) 满足 $c=h\left(m\|y\|g\|(g^r)^s(g^r)^c\right)$，对于挑战的 (y^r,g^r)，我们把这个签名表示为

$$V=\text{SK}[x:y^r=(g^r)^x](m)$$

2. 知识签名在电子拍卖中的应用实例

Lee 等提出了一次性注册和公开验证的高效公开拍卖[117]。该方案引入了离散对数的知识签名（SK）且该方案是针对 Omote 和 Miyaji[4]在 2001 年提出的一个实用的一次性注册英式拍卖的改进方案。Omote 和 Miyaji 提出的方案在赢家公告阶段缺乏公开的可验证性，而在该方案中，RM 和 AM 都在每一轮设置过程中执行随机化操作，使得 RM 或 AM 本身不能识别出价者，这使得赢家身份的公布成为可能。提供有效的票证标识符，使得只有合法的出价者能够容易地识别他的拍卖票，而任何其他方不能识别它。下面具体介绍知识签名在其方案中的应用。

该方案有三个参与方：AM、RM、B_i（投标人）。

1）方案中运用到的密码学知识

（1）哈希链。

假设一个投标人 B_i 和 RM 正在分享秘密投标人信息 t_i。在每轮 k，他计算一个特殊的哈希链：

$$h^k(t_i) = h(t_i, h^{k-1}(t_i))$$

它只能被投标人 B_i 和知道 t_i 的 RM 计算。如果 $h(\cdot)$ 是一种抗碰撞密码哈希函数，在不知道 t_i 的情况下计算 $h^k(t_i)$ 是不可行的，尽管对于 $j < k$ 所有的 $h^j(t_i)$ 已知。

这是一个介于 B_i 和 RM 之间的安全通道。使用这个原语，投标人可以容易地识别由 RM 产生的轮密钥，同时保持包括 AM 在内的任何其他方的匿名密钥。

（2）Diffie-Hellman 关键协议。

设一个投标人 B_i 有一个密钥对 (x_i, y_i)，并且 AM 有一个密钥对 (x_A, y_A)。B_i 和 AM 使用 Diffie-Hellman 密钥协议技术可以共享一个秘密密钥 $k_i = y_i^{x_A} = y_A^{x_i}$。使用共享的密钥 k_i，投标人 B_i 可以很容易地识别出由 AM 生成的拍卖票，同时 AM 不知道哪个拍卖票据是属于 B_i 的。

2）公开拍卖方案的提出

本节描述了零提议的公共拍卖方案，该方案是对文献[4]的修改，RM 在轮设置程序中执行额外的随机化操作，赢家身份在公告栏上发布。

（1）系统设置。

本节方案的实体包括 RM、AM 和 n 个投标人 $B_i(i = 1, \cdots, n)$。每个实体的作用如下。

RM：

①负责一次性注册过程，并有保密数据库，以保密用户信息。

②以洗牌的方式参与轮密钥设置过程，在他的公告栏上发布自己的轮密钥。

③在赢家公告阶段，在公告栏上公布赢家的具体信息。

AM：

①使用随机数字和轮密钥在每轮拍卖中准备拍卖票。以洗牌的方式把他们发布在公告栏上。使用秘密数据库保存随机数字。

②在赢家公告阶段，在公告栏上公布赢家的具体信息。

③有私钥 x_A 和公钥 $y_A = g^{x_A}$。

投标人 $B_i(i = 1, \cdots, n)$：

①投标人必须到 RM 处注册参加拍卖。

②用自己的拍卖票参加一轮拍卖。

③有私人密钥 x_i 和公钥 $y_i = g^{x_i}$。

在文献[4]中，赢家的身份是由 RM 秘密通知供应商的，因此供应商是一个重要的实体。但在该方案中，拍卖的供应商没有任何作用，因为赢家的身份在公告栏上公布。在这种情况下，我们假设 RM 和 AM 不互相勾结，以打开投标人的匿名性。如果他们勾结，他们可以识别任何投标人。

该方案中，使用了 5 个公告栏：注册公告栏、轮密钥公告栏、拍卖票证公告栏、竞价公告栏和赢家公告栏。公告栏是一种公众交流的渠道，任何人都可以阅读，但只能由合法方以真实的方式公告。所有通信通过公告栏公开执行，除了投标人对 RM 的一次性注册信息外。注册和轮密钥仅由 RM 记录，拍卖票证仅由 AM 记录。每个公告栏上的信息如下。

注册公告栏（由 RM 编写）：

RM 发布注册投标人的身份和公共密钥。

轮密钥公告栏（由 RM 编写）：

RM 为每个注册投标人计算轮密钥并以洗牌的方式发布。

拍卖票证公告栏（由 AM 编写）：

AM 为 RM 中所有被列入轮密钥公告板的有效的投标人计算拍卖票证，并以洗牌的方式发布。

竞价公告栏（由投标人编写）：

每个投标人都将其投标信息发布在该板上。只有比以前最高的更高出价才可以张贴。投标过程不能被任何人阻止。

赢家公告栏（由 AM 和 RM 编写）：

在赢家公告阶段，AM 发布赢家相关的秘密随机数。

在赢家公告阶段，RM 发布获胜者相关的秘密信息。

为了确定赢家公布阶段的胜利者，RM 和 AM 应该保存投标人相关的秘密信息。因此，使用以下两个秘密数据库。

用户信息数据库（由 RM 管理）：RM 维护注册投标人的秘密用户信息。

随机数据库 DB（由 AM 管理）：AM 维护用于在每轮拍卖中生成拍卖票证的秘密随机数。

（2）公共拍卖协议。

公开拍卖协议由以下 5 个阶段组成。投标人只在拍卖协议中注册一次，但其他 4 个阶段在每一轮拍卖中都要执行。具有一次性注册和公众可验证性的高效公开拍卖描述如下。

阶段 1：一次性注册。

一个投标人向 RM 注册过程如下。

① B_i 选择他的私钥 $x_i \in_R Z_q$ 计算他的公钥 $y_i = g^{x_i}$ （或可以使用认证密钥和证书）。

② B_i 选择一个随机字符串 $t_i \in \{0,1\}^*$ 并保密。

③ B_i 秘密地发送 (B_i, y_i, t_i) 到 RM ，证明了他在零知识中的私钥 x_i 的知识。

④如果 RM 接收 B_i 的注册，他会在注册板上发布 (B_i, y_i) ，并在他的安全用户信息数据库中秘密保存 (B_i, t_i) 。

阶段 2： RM 的轮密钥设置（第 k 轮拍卖）。

现在设 RM 、AM 和 n 个投标人都参与了 k 轮拍卖。RM 使用 y_i 和 t_i 为 n 个投标人计算 n 轮密钥 $Y_i^k = y_i^{h^k(t_i)}$ 。然后他洗牌，并在他的轮密钥公告栏上发布。注意，投标人 B_i 可以容易地检查他的轮密钥是否列在轮密钥公告栏上，因为他也可以计算轮密钥 Y_i^k 。但是除了 RM 和 B_i 之外的任何人都不知道 y_i 和 y_k 之间的对应关系。如果 RM 想要撤销投标人，那么他就会从注册板中移除投标人，并从轮密钥公告栏上移除轮密钥。

阶段 3： AM 的拍卖票证准备（第 k 轮拍卖）。

AM 从 RM 的轮密钥公告栏上获取 n 个有效投标人的全部轮密钥 Y_i^k 的清单。然后执行以下步骤。

①选择 n 个随机数 $\{r_1, r_2, \cdots, r_n\} \in_R Z_q$ 。

②计算拍卖密钥 $(Y_i^k)^{r_i}, g^{r_i}$ 。

③计算票证标识 $T_i = h(Y_i^k)^{x_A}$ 。

④在拍卖票证公告栏上洗牌，并在拍卖票证公告栏上发布拍卖票证 $(T_i, (Y_i^k)^{r_i}, g^{r_i})$ 。

⑤把 (T_i, r_i) 秘密地保存在随机数字 DB 中。注意，一个投标人 B_i 可以很容易地找到票证标识 T_i ，因为他可以事先计算出 $T_i = h(y_A^{h^k(t_i)x_i}) = h(K_i^{h^k(t_i)})$ ，而 AM 和 RM

不能从 T_i 中识别 B_i。

阶段 4：投标（第 k 轮招标）。

参与第 k 轮拍卖的投标人 B_i 执行以下步骤。

①计算轮密钥 $Y_i^k = y_i^{h^k(t_i)}$，并检验轮密钥是否列在 RM 的轮密钥公告栏上。如果轮密钥没有被列出，他会向 M 抱怨。

②计算票证标识为 $T_i = h(Y_A^{h^k(t_i)x_i})$，并从拍卖票证公告栏获得他的票证 $(T_i,(Y_i^k)^{r_i},g^{r_i})$。如果他的票证没有在拍卖票证公共栏上列出，他会向 AM 抱怨。

③通过 $(g^{r_i})^{h^k(t_i)x_i} \overset{?}{=} (Y_i^k)^{r_i}$ 检查他的拍卖票证有效期。如果等式不成立，他会向 AM 抱怨。

④准备好他的投标信息 (T_i,m_i,V_i)，并把它贴在竞价公告栏上。

m_i ＝ （拍卖 ID||投标值），或包含任何相关信息。

$$V_i = \text{SK}[(\alpha_i):(Y_j^k)^{r_i} = (g^{r_i})^{\alpha_i}](m_i),\alpha_i = h^k(t_i)x_i。$$

投标价格应高于之前最高的报价。注意，只有投标人 B_i 知道 $\alpha_i = h^k(t_i)x_i$（知道 t_i 和 x_i），可以计算知识签名 V_i。

阶段 5：赢家公告（第 k 轮投标）。

设投标人 B_i 的一个投标 m_j 是投标阶段结束时的最高出价。AM 和 RM 联合在赢家公告栏上发布如下信息。

①AM 宣布 (T_j,m_j,V_j) 是赢家的投标价格。

②AM 把 (T_j,r_j,Y_j^k) 张贴在显示了 Y_j^k 和 $(Y_j^k)^{r_j}$ 对应关系的赢家公告栏上。

③RM 把 $(Y_j^k,h^k(t_j),y_j)$ 张贴在显示了 $Y_i^k = y_j^{h^k(t_j)}$ 和 y_i 对应关系的赢家公告栏上。表明 B_j 是赢家。

④任何人都可以使用公布的值 r_j 和 $h^k(t_j)$ 来验证赢家 B_j。

尽管已经发布了 $h^k(t_j)$，但由于哈希函数的单行性，t_j 并没有显示出来。对于未知的 t_j，$h^{k+1}(t_j)$ 不能从 $h^l(t_j)$ 计算得出。

只有知道 t_i 和 x_i 的 B_i 才能识别票证标识 T_i。B_i 用 t_i 识别 y_i 和 Y_i^k 的对应关系，并通过 x_i 识别 Y_i^k 和 t_i 的对应关系。包括 RM 和 AM 在内的其他人不能一起识别这两个对应关系。因此，在提供高效的票证标识的同时提供投标人的匿名性。

赢家的公开可验证性是通过将 r_j 和 $h^k(t_j)$ 一起发布来提供的。在拍卖结束后，r_j 可以安全发布，因为它是 AM 在一轮拍卖中选择的一个随机数。$h^k(t_j)$ 也可以在投标结束后安全发布，因为如果 t_j 被秘密保存，$h^{k+1}(t_j)$ 不会被泄露。

4.5.2　关于离散对数的零知识证明及其应用实例

1. 两个离散对数的相等性证明

在并行执行前一个协议时，可以证明两个离散对数的等式[120]。Alice 和 Bob 知道 v、w、g_1、g_2，但只有 Alice 知道 x，所以 $v = g_1^x, w = g_2^x$。

（1）Alice 随机选择 z，并将 $a = g_1^z, w = g_2^z$ 发送给 Bob。

（2）Bob 随机选择一个挑战 c，并将它发送给 Alice。

（3）Alice 把 $r = (z + cx) \bmod q$ 给 Bob。

（4）Bob 校验 $g_1^r = av^c$ 和 $g_2^r = bw^c$。

Alice 需要发送 $2\log p + \log q$ 位。因此，为了表明 n 个值的离散对数相等，Alice 只发送 $n\log p + \log q$ 位。

2. 一个加密的值是两个值中的一个的证明

Cramer 等[123]提出了以下协议。Alice 证明了 ElGamal 加密值 $(\alpha, \beta) = (my^r, g^r)$ 要么解密为 1 要么解密为固定值 $z = G_q$，但不透露是哪种情况，换言之，它表明 $m = \{1, z\}$。

（1）如果 $m = 1$，Alice 随机选择 r_1、d_1、w 并发送 (α, β)，$a_1 = g^{r_1}\beta^{d_1}, b_1 = y^{r_1}\left(\dfrac{\alpha}{2}\right)^{d_1}, a_2 = g^w, b_2 = y^w$ 给 Bob。

如果 $m = z$，Alice 随机选择 r_2、d_2、w 并发送 (α, β)，$a_1 = g^w, b_1 = y^w, a_2 = g^{r_2}\beta^{d_2}, b_2 = y^{r_2}\alpha^{d_2}$ 给 Bob。

（2）Bob 随机选择一个挑战 c，并将它发送给 Alice。

（3）如果 $m = 1$，Alice 发送 $d_1, d_2 = c - d_1 \bmod q, r_1, r_2 = w - rd_2 \bmod q$ 给 Bob。

如果 $m = z$，Alice 发送 $d_1 = c - d_2 \bmod q, d_2, r_1 = w - rd_1 \bmod q, r_2$ 给 Bob。

（4）Bob 校验 $c = d_1 + d_2 \bmod q, a_1 = g^{r_1}\beta^{d_1}, b_1 = y^{r_1}\left(\dfrac{\alpha}{z}\right)^{d_1}, a_2 = g^{r_2}\beta^{d_2}, b_2 = y^{r_2}\alpha^{d_2}$。

Alice 发送给 Bob 的总量是 $4\log p + 4\log q$ 位。

3. 离散对数的知识证明

这是 Schnorr[41] 的经典协议。Alice 和 Bob 知道 v 和 g，但只有 Alice 知道 x，所以 $v = g^x$。可以通过执行下面的协议来证明这个事实，而不揭示 x。

（1）Alice 随机选择 z，并将 $a = g^z$ 发送给 Bob。

（2）Bob 随机选择一个挑战 c，并将它发送给 Alice。

（3）Alice 把 $r = (z + cx)\bmod q$ 发送给 Bob。

（4）Bob 校验 $g^r = av^c$。

Alice 需要发送 $\log p + \log q$ 位。

4. 离散对数知识证明的应用

接下来详细介绍离散对数知识证明在电子拍卖中的应用，Mu 和 Varadharajan 在 2000 年设计的互联网匿名拍卖机制便是利用离散对数证明、盲 Nyberg-Rueppel 签名等技术为投标人和拍卖服务器提供投标人的匿名性和公平性的[14]。下面详细描述该方案的执行过程。

1）准备工作

为了更好地介绍该协议，我们需要了解一些密码学原语。本书将使用一些常见的符号。

p_1, p_2：两个大质数，即 $p = 2q + 1$ 也是素数，其中 $q = p_1 p_2$。

Z_p^*：一个 $p-1$ 阶的原始组。

Z_q^*：阶数为 $\phi(q)$ 或 $(p_1 - 1)(p_2 - 1)$ 的一个原始组。

H：一个强大的单向哈希函数。

协议中涉及的盲 Nyberg-Rueppel 签名技术请参照 2.4.4 节。

该方案涉及的证明离散对数的方法，简要概括为：证明的目的是给定一个原始的 $g \in_R Z_p^*$ 和 $\rho = g^o \bmod p$，其中 $o \in Z_q$ 表示只有证明者所知道的秘密，而 ρ 是公开的，证明者证明了他对 o 的知识，但是没有揭示这个秘密。证明协议可以是交互式的也可以是非交互式的。这里只考虑交互式的情况。

（1）验证者：向证明者发送怀疑变量 c。

（2）证明者：选择秘密 $\delta \in_R Z_q$，然后计算 $h = g^\delta \bmod p$ 和 $w = (co + \delta) \bmod q$。将 c、g、h、ρ 发送给验证者。

（3）接下来验证者检查：$g^w \overset{?}{=} \rho^c h \bmod p$。

为了方便起见，我们用 DLP$[o : \rho]$ 表示离散对数证明。

2）系统设置

该拍卖系统由一个拍卖服务器 S、一个或多个金融机构，以及几个投标人组成。用 B 表示投标人，F 表示金融机构。关于可信第三方（TTP）有两种可能的设计选择：①存在一个作为重要的托管代理的独立的 TTP；②该金融机构也作为 TTP。为了简单起见，定义金融机构同时是本书系统中的 TTP。

（1）服务器的准备。

拍卖服务器在投标截止日期之前不应该知道投标人的投标值。这是由投标结构本身和 TTP 而不是秘密共享来保证的。投标人相信他们的出价是安全的，因为只有最后以最高价格获胜的投标人才可以将自己的出价公布到服务器上。采用托管中标价格的方案，服务器还可以防止任何中标人退出。

拍卖服务器具有以下功能。

①在其网页上显示拍卖对象。

②接收/验证投标人的匿名投标。

③接收/验证投标价格的托管。

④实施公平的交换协议（具体内容请参考文献[124]、[125]）。

（2）投标人设置。

每个投标人需要在金融机构建立匿名账户。本书假设已经向投标人 B 发出了别名或匿名身份。使用它，B 可以从金融机构获得一个匿名账户。设投标人 B 的授权别名是 $A \overset{\text{def}}{=} g^\sigma \bmod p$。$\sigma$ 是只有 B 才知道的一个秘密数字。设 A 为 B 的合法账户名称。出于竞标的目的，B 应通过以下过程获得与 A 有关的账户证书。

假设金融机构有一个提供在线服务的网页。为了获得账户证书，投标人访问网页并发送他的请求。过程的细节如下。

设 (p,q,g) 为公共信息，其中 $g \in Z_p^*$ 且 $g \in Z_q^*$，即 $g^q \bmod p = 1$，$g^{\phi(q)} \bmod q = 1$。设 x 是 F 的密钥，$h = g^x \bmod p$，$h' = g^x \bmod q$ 是它的公钥。F 选择两个随机数 w_1 和 w_2，计算 $g_1 = g^{w_1} \bmod p$，$g_2 = g^{w_2} \bmod p$，$h_1 = g_1^x \bmod p$ 和 $h_2 = g_2^x \bmod p$。然后将 g_1、g_2、h_1、h_2 公开。每个投标人需要预先确定其投标值和投标值承诺 $v = g_1 g_2^u \bmod p$。其中，u 是投标值和秘密随机数的联系值。在不失一般性的情况下，称 u 为 B 的投标值。投标承诺 v 作为 B 与 A 相关的当前身份在金融机构注册。B 给出 $w = v^x \bmod p$ 作为 B 的身份证书。F 也可能有必要证明 $\log_v w = \log_g g^x$。这可以使用离散对数的双重证明来完成。请注意，v、y、w 仅用于一次出价。

投标设置协议如下。

① B 将其离散对数证明 $\mathrm{DLP}[\sigma : A]$ 发送给 F 以用于验证。

② F 选择一个随机数 $k = Z_q$，计算 $\delta = v^k \bmod p$ 并将 δ 转发给 B。

③ B 生成三个随机数 (y, x_1, x_2)，计算 $\alpha = w^y \bmod p$，$\beta = v^y \bmod p$ 和 $\lambda = h_1^{x_1} h_2^{x_2} \bmod p$。

④ B 形成消息 $m = H(\alpha, \beta, \lambda)$，产生随机数 a 和 Nyberg-Rueppel 盲因子 b，计算 $r = m\beta^a \delta^{by} \bmod p$，并将 $m' = r / b$ 发送给 F。

⑤ B 在盲信息 m' 上计算 Nyberg-Rueppel 签名，形成 $s' = m' + k$，并将其发送给 F。

⑥ B 消除盲因子 b，并获得 $s = s'b + a = rx + kb + a$。

投标设置协议如图 4.4 所示。

$\mathrm{Cert}_B \stackrel{\mathrm{def}}{=} \{\alpha, \beta, \lambda, r, s\}$ 表示出价 u 的有效匿名账户证书。可以使用以下等式进行验证：

$$H(\alpha, \beta, \lambda) = \beta^{-s} \alpha^r r \bmod p$$

Cert_B 仅用于一个出价。

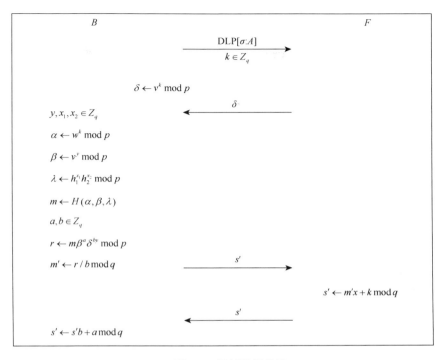

图 4.4 投标设置协议

3）投标协议

当 B 想要向拍卖服务器 S 投标时，他需要从在线 F 上获得他的投标 u 的唯一投标数 N 和投标账目证书 Cert_B。投标协议分为两个阶段：投标、发送一个托管的开标者。S 能够验证出价和相应的托管者的正确性。以下协议用于投标，如图 4.5 所示。

（1）S 生成一个随机挑战 c 并将其发送给 B。这个挑战对于每个投标值都应该是唯一的。例如，它可以被计算为

$$c = H(S\|\mathrm{Date}\|\mathrm{Time}\|\cdots)$$

（2）在收到 c 后，B 计算他的投标值 u（$r_1 = x_1 + cy \bmod q$ 和 $r_2 = x_2 + ucy \bmod q$）的回应 (r_1, r_2)。将投标令牌 (r_1, r_2) 连同其出价号码 N 和账户证书发送给 S。

（3）S 校验在消息 $H(\alpha, \beta, \lambda)$ 上的 Nyberg-Rueppel 签名，并验证 (r_1, r_2) 确实符合挑战 c。如果 $H(\alpha, \beta, \lambda) = \beta^{-s}\alpha^r r$ 且 $h^{r_1}h^{r_2} = \alpha^c \lambda$，接收投标的账户证书。然后 S

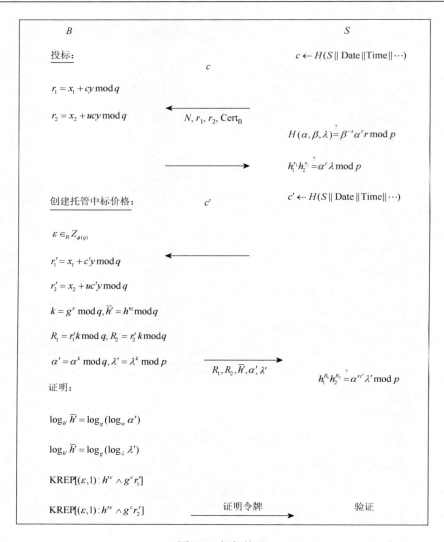

图 4.5　投标协议

存储 $(c, r_1, r_2, \mathrm{Cert}_B)$。很明显，如果投标人和服务器遵循上面给出的正确步骤，则 $H(\alpha, \beta, \lambda) = \beta^{-s} \alpha^r r$ 和 $h_1^{r_1} h_2^{r_2} = \alpha^c \lambda$ 必须成立。事实上，我们发现

$$\alpha^c \lambda = w^{yc} h_1^{x_1} h_2^{x_2}$$
$$= (g_1 g_2^u)^{xyc} h_1^{x_1} h_2^{x_2}$$
$$= h_1^{x_1 + cy} h_2^{x_2 + cyu}$$
$$= h_1^{r_1} h_2^{r_2} \bmod p$$

（4）S 向 B 发送新的挑战 c'，以计算托管的中标价格。

（5）B 计算中标价格 (r_1', r_2')，$r_1' = x_1 + c'y \bmod q, r_2' = x_2 + uc'y \bmod q$，然后用 TTP 的公钥 h 加密，$\varepsilon \in_R Z_{\phi}(q)$，$k = g^{\varepsilon} \bmod q$，$\overline{h}' = h'^{\varepsilon} \bmod q$，$R_1 = r_1'k \bmod q$，$R_2 = r_2'k \bmod q$，其中 ε 和 k 是保密的。为了让 S 证明托管中标价格是正确的，B 需要计算：

$$\alpha' = \alpha^k \bmod q, \quad \lambda' = \lambda^k \bmod p$$

然后将 R_1、R_2、$\overline{h}'$、α' 和 λ' 发送到 S。

（6）S 检查经托管的中标数据的正确性，$h_1^{R_1} h_2^{R_2} \stackrel{?}{=} \alpha'^{c'} \lambda' \bmod p$。从投标人还需要追加另外两个证明：①证明 r_1' 和 r_2' 的离散对数表示的知识证明确实加密正确；②对 $\log_{h'} \overline{h}' = \log_g(\log_{\alpha} \alpha')$，$\log_{h'} \overline{h}' = \log_g(\log_{\lambda} \lambda')$ 的离散对数证明。

对于第一个证明，读者可以参考文献[117]了解详情。我们在这里使用符号：$\text{KREP}[(\varepsilon, 1) : h'^{\varepsilon} \wedge g^{\varepsilon} r_1']$。与此类似，我们有 $\text{KREP}[(\varepsilon, 1) : h'^{\varepsilon} \wedge g^{\varepsilon} r_2']$。第二个证明实现如下。

（1）投标人（证明人）：

从 $\delta \in_R Z_{\phi(q)}$ 选择一个整数，并计算 $f = g^{\delta} \bmod q$。将 f 发送到服务器 S。

（2）服务器 S 向投标人发送一个挑战 τ。

（3）投标人：

计算 $t = \varepsilon + \tau\delta$。

将 t 发送到 S。

（4）服务器 S：

检查 $h'' \stackrel{?}{=} \overline{h}' f^{\tau} \bmod q$，$\alpha^{g'} \stackrel{?}{=} (\alpha')^{f\tau} \bmod p$ 和 $\lambda^{g'} \stackrel{?}{=} (\lambda')^{f\tau} \bmod p$。

该协议可以轻松地转换为非交互式版本。

4）公布中标结果

投标截止日之后，所有投标人都将匿名提交出价的价格及其投标编号提交给拍卖服务器。然后拍卖服务器公布最高出价和新的挑战 c''。最高出价的投标人负责使用 c'' 计算 (r_1'', r_2'')，$r_1'' = x_1 + c''y \bmod q, r_2'' = x_2 + uc''y \bmod q$。之后 B 和 S 在 $r_1'' \leftarrow (N, r_1'', r_2'')$ 和拍卖对象 R 上进行乐观交易，即 $\text{OPE}(r'', R)$，其中 R 可以是电子拍卖对象，也可以是保证稍后实际交付拍卖货物的收据。作为乐观公平交换过程的一部分，服务器必须检查 r'' 的合法性。服务器计算出价 u 和当前别名 v ：

$$\frac{r_1 - r_1''}{c - c''} = \frac{x_1 + cy - x_1 - c''y}{c - c''} = y$$

$$\frac{r_2 - r_2''}{c - c''} = \frac{x_2 + cyu - x_2 - uc''y}{c - c''} = y_u$$

S 可以从 y 和 y_u 轻松获得出价值 u ，并校验 u 是否等于最高出价。获得 u 后，S 计算投标人的匿名出价标识 $v = g_1 g_1^u \bmod p$ 。然后将可以与 f 的别名列表相匹配的 v 发送到 F 。有了这样的一个匹配，F 可以将匿名身份 A 代表的 B 账户中的钱转移到 S 的账户。该过程是不可逆的，因为 u 是投标人的秘密信息，除非投标人发送 r'' ，否则无法确定 u 。

如果中标者拒绝将 r'' 发送到服务器，则服务器向可以解密 (R_1, R_2) 的 TTP 发送 Cert_B 和 (R_1, R_2, c') 。服务器可以用 (r_1, r_2, c) 和 (r_1', r_2', c) 来计算 u 和 v 。

第5章 拍卖中的协议安全分析与证明

在设计好电子拍卖的安全协议之后，我们往往要对协议进行分析与讨论，并证明这个协议是安全的。为证明该协议的安全性，我们通常要对安全协议的基础理论展开讨论。在电子拍卖协议的安全证明分析中，主要用到的基础理论有可证明安全理论与方法、安全多方计算理论与方法、零知识证明理论与方法、形式化分析等[126, 127]。

5.1 可证明安全理论与方法

若新的安全技术与协议同时产生，人们往往很难确定设计的协议是否是安全的，并很有可能循环往复地修复或者改进，逐步增大了人们对安全性的担心，并且会投入更多的代价或成本。由此，产生了可证明安全理论与方法来解决此类的问题。

可证明安全理论与方法是在一定的敌手模型下证明安全方案或协议能够达到特定的安全目标。由此，可证明安全性前提条件是需要有合适的安全目标定义、适当的敌手模型。

在讨论可证明安全性时，一般是在计算复杂性的理论基础框架下，如概率多项式时间（PPT）、敌手 A 和转换算法，以及"可忽略"的成功概率与计算的不可区分[128]。概率多项式时间是指有随机输入，并在其输入长度的多项式时间内一定有输出结果的算法。可忽略函数与计算不可区分的精确描述如下。

定义 5.1 可忽略函数。

设 $\mu(n): N \to R$，称函数 $\mu(n)$ 是可忽略的，如果对任意多项式 $p(\cdot)$，对于足够大的 n，满足 $u(n) < 1/p(n)$。

定义 5.2 计算不可区分。

设 $\{X_n\}$ 和 $\{Y_n\}$ 是两个概率空间，称它们是（多项式时间）计算不可区分的，

表示为 $\{X_n\} \approx \{Y_n\}$，如果对任意多项式 $p(\cdot)$，任意概率多项式时间算法 D 及所有辅助输入 $z \in (0,1)^{\text{poly}(n)}$，满足

$$|\Pr[D(X_n,1^n,z)=1] - \Pr[D(Y_n,1^n,z)=1]| < 1/p(n)$$

定义指出，不存在明显可区分概率空间 $\{X_n\}$ 和 $\{Y_n\}$ 的概率多项式时间算法，即在多项式时间内，任何概率多项式时间算法的成功概率总是可忽略的。

通过可证明安全理论与方法来证明协议的安全性主要是对安全协议制定形式化安全模型，不同的安全协议或者方案可能会有不同的安全模型，安全模型大都基于一些密码学的基础概念。

5.1.1　公钥加密方案

一个公钥加密方案由以下 3 个算法组成。

（1）秘密生成算法 K。对于输入 1^k，AU 产生一对匹配值 (k_p, k_s)，分别称为公钥和私钥，K 可以是概率算法。

（2）加密算法 E。给定消息 m 和公钥 k_p，E 产生 m 对应的密文 c，E 可以是概率算法，这时记为 $E(k_p, m; r)$，r 表示随机输入。

（3）解密算法 D。给定密文 c 和私钥 k_s，D 产生 c 对应的明文 m，D 一般是确定性算法。

为证明加密方案的安全性，首先需要刻画敌手的模型，说明敌手访问系统的方式和计算能力；其次是刻画安全性的概念，说明敌手攻破协议之后，对其安全性的影响。通常，公钥加密方案的安全目标具有单向性，即不知道私钥的情况下，敌手 A 的概率空间 $M \times \Omega$ 上成功地对 E 求逆的概率是可忽略的（这里 M 是消息空间，Ω 是公钥加密方案的随机掷硬币空间），即概率

$$\text{Succ}_A = \Pr[(k_p, k_s) \leftarrow K(1^k) : A(k_p, E(k_p, m; r)) = m]$$

是可忽略的。

然而，许多应用要求更强的安全性。例如，敌手 A 知道某个随机明文和对应明文的密文，不能得到明文的完整信息，但有可能得到明文的部分信息。这便是一个很弱的安全概念。又如，敌手 A 通过密文得不到任何哪怕 1bit 的明文任何部

分的信息。这便是加密方案语义安全的概念。这一概念是 Goldwasser 和 Micali 在 1984 年提出来的。

　　加密方案的语义安全是由不可区分性（indistinguishability，IND）游戏来刻画的。这种不可区分性游戏有两个参与者：一个是挑战者（challenger）；另一个是敌手。挑战者建立系统，敌手对系统发起挑战，挑战者接受敌手的挑战。加密方案语义安全的概念根据敌手的模型具体又分为在选择明文攻击下的不可区分性、在选择密文攻击下的不可区分性、在适应性选择密文攻击下的不可区分性。

　　定义 5.3（多项式安全/密文不可区分）　对任意公钥加密方案 (K,E,D)，如果满足

$$\mathrm{Adv}_A = 2\Pr[(k_p,k_s) \leftarrow K(1^k),(m_0,m_1,s) \leftarrow A_1(k_p),c$$
$$= E(k_p,m_b;r) : A_2(m_0,m_1,s,c) = b] - 1$$

是可忽略的，则称该方案是多项式安全的或密文不可区分的，这里敌手 $A = (A_1,A_2)$ 是一个 2 阶段攻击者（都是概率多项式时间算法），概率取于 (b,r) 之上。

　　该定义形式化了以下性质：敌手了解明文某些信息（可任选一对消息，其中一个被加密），但它不能从密文得到除明文长度之外的任何信息。

5.1.2　选择明文攻击

　　公钥加密方案在选择明文攻击（chosen plaintext attack，CPA）下的 IND 游戏（简称 IND-CPA 游戏）如下。

　　（1）初始化。挑战者产生系统 Π，敌手（表示为 A）获得系统的公开密钥。

　　（2）敌手产生明文消息，得到系统加密后的密文（可多项式有界次）。

　　（3）挑战。敌手输出两个长度相同的消息 M_0 和 M_1。挑战者随机选择 $\beta \leftarrow_R \{0,1\}$，将 M_β 加密，并将密文 C^*（称为目标密文）给敌手。

　　（4）猜测。敌手输出 β'，如果 $\beta' = \beta$，则敌手攻击成功。

　　敌手的优势可定义为参数 K 的函数：

$$\mathrm{Adv}_{\Pi,A}^{\mathrm{CPA}}(K) = \left| \Pr[\beta' = \beta] - \frac{1}{2} \right|$$

式中，K 是安全参数，用来确定加密方案密钥的长度。因为任何一个不作为（即仅做监听）的敌手 A，都能通过对 β 做随机猜测，而以 $\frac{1}{2}$ 的概率赢得 IND-CPA 游戏。而 $\Pr[\beta'=\beta]-\frac{1}{2}$ 是敌手通过努力得到的，故称为敌手的优势。

敌手的优势也可以定义为

$$\mathrm{Adv}_{\Pi,A}^{\mathrm{CPA}}(K)=|\Pr[\beta'=1\,|\,\beta=1]-\Pr[\beta'=1\,|\,\beta=0]|$$

IND-CPA 游戏可形式化地描述如下。其中公钥加密方案是三元组 $X=(\mathrm{KeyGen},\varepsilon,D)$，游戏的主体是挑战者。

$\underline{\mathrm{Exp}_{X,A}^{\mathrm{CPA}}(K):}$

$(M_0,M_1)\leftarrow A(\mathrm{pk})$，其中 $|M_0|=|M_1|$；

$\beta\leftarrow_R\{0,1\},C^*=\varepsilon_{\mathrm{pk}}(M_\beta)$；

$\beta\leftarrow A(\mathrm{pk},C^*)$；

如果 $\beta'=\beta$，则返回 1；否则返回 0。

敌手的优势定义为

$$\mathrm{Adv}_{\Pi,A}^{\mathrm{CPA}}(K)=\left|\Pr[\mathrm{Exp}_{X,A}^{\mathrm{CPA}}(K)=1]-\frac{1}{2}\right|$$

定义 5.4 IND-CPA 游戏安全。

如果任何多项式时间的敌手 $k-1$，存在一个可忽略的函数 $\phi(K)$，使得 $\mathrm{Adv}_{\Pi,A}^{\mathrm{CPA}}(K)\leqslant\phi(K)$，那么就称这个加密算法 Π 是语义安全的，或者称为在选择明文攻击下具有不可区分性，简称 IND-CPA 游戏安全。

如果敌手通过 M_β 的密文能得到 M_β 的少量信息，就有可能区分 M_β 是 M_0 还是 M_1，因此 IND 游戏刻画了语义安全的概念。

（1）定义中敌手是多项式时间的，否则因为它有系统的公开密钥，可得到 M_0 和 M_1 的任意多个密文，再和目标密文逐一进行比较，即可赢得游戏。

（2）M_0 和 M_1 是等长的，否则根据密文，有可能区分 M_β 是 M_0 还是 M_1。

（3）如果加密方案是确定的，如 RSA 算法等，每个明文对应的密文只有一个，敌手只需要重新对 M_0 和 M_1 加密后与目标密文进行比较，即赢得游戏。因此语义安全性不适用于确定性的加密方案。

（4）与确定性加密方案相对的是概率性加密方案，在每次加密时，首先选择一个随机数，再生成密文。因此同一明文在不同的加密中得到的密文不同，如 ElGamal 加密算法。

5.1.3　选择密文攻击

公钥加密方案在选择密文攻击下的 IND 游戏（简称 IND-CCA 游戏）如下。

（1）初始化。挑战者产生系统 Π，敌手获得系统的公开密钥。

（2）训练。敌手向挑战者（或解密谕言机）做解密询问（可多项式有界次），即取密文 CT 给挑战者，挑战者解密后，将明文给敌手。

（3）挑战。敌手输出两个长度相同的消息 M_0 和 M_1，再从挑战者接收 M_β 的密文，其中随机值 $\beta \leftarrow_R \{0,1\}$。

（4）猜测。敌手输出 β'，如果 $\beta' = \beta$，则敌手攻击成功。

以上攻击过程也称为"午餐时间攻击"或"午夜攻击"，相当于有一个执行解密运算的黑盒，掌握黑盒的人在午餐时间离开后，敌手能使用黑盒对自己选择的密文进行解密。午餐过后，给敌手一个目标密文，敌手试图对目标密文进行解密，但不能再使用黑盒了。

第（2）步可以形象地看做敌手发起攻击前对自己的训练（自学），这种训练可通过挑战者，也可以通过解密谕言机。

敌手的优势定义为安全参数 K 的函数：

$$\mathrm{Adv}_{\Pi,A}^{\mathrm{CCA}}(K) = \left| \Pr[\beta' = \beta] - \frac{1}{2} \right|$$

IND-CCA 游戏可形式化地描述如下。其中公钥加密方案是三元组 $X = (\mathrm{KeyGen}, \varepsilon, D)$。

$\underline{\mathrm{Exp}_{\Pi,A}^{\mathrm{CPA}}(K):}$

$(\mathrm{pk}, \mathrm{sk}) \leftarrow \mathrm{KeyGen}(K)$；

$(M_0, M_1) \leftarrow A^{D_{sk}(\cdot)}(\text{pk})$ ，其中 $|M_0| = |M_1|$ ；

$\beta \leftarrow_R \{0,1\}, C^* = \varepsilon_{pk}(M_\beta)$ ；

$\beta' \leftarrow A(\text{pk}, C^*)$ ；

如果如果 $\beta' = \beta$ ，则返回 1；否则返回 0。

敌手的优势定义为

$$\text{Adv}_{\Pi,A}^{\text{CCA}}(K) = \left| \Pr[\text{Exp}_{X,A}^{\text{CPA}}(K) = 1] - \frac{1}{2} \right|$$

游戏中 $(M_0, M_1) \leftarrow A^{D_{sk}(\cdot)}(\text{pk})$ 表示敌手的输入是 pk，在访问解密谕言机 $D_{sk}(\cdot)$ 后输入 (M_0, M_1) 。

定义 5.5　IND-CCA 游戏安全。

如果任何多项式时间的敌手 A ，存在一个可忽略的函数 $\phi(K)$ ，使得 $\text{Adv}_{\Pi,A}^{\text{CCA}}(K) \leqslant \phi(K)$ ，那么就称这个加密算法 Π 在选择密文攻击下具有不可区分性，或者称为 IND-CCA 游戏安全。

5.1.4　适应性选择密文攻击

公钥加密方案在适应性选择密文攻击下的 IND 游戏（简称 IND-CCA2 游戏）如下。

（1）初始化。挑战者产生系统 Π ，敌手获得系统的公开密钥。

（2）训练阶段 1。敌手向挑战者（或解密谕言机）做解密询问（可多项式有界次），即取密文 CT 交给挑战者，挑战者解密后，将明文交给敌手。

（3）挑战。敌手输出两个长度相同的消息 M_0 和 M_1 ，再从挑战者接收 M_β 的密文 C^* ，其中随机值 $\beta \leftarrow_R \{0,1\}$ 。

（4）训练阶段 2。敌手继续向挑战者（或解密谕言机）做解密询问（可多项式有界次），即取密文 CT 交给挑战者（ $\text{CT} \neq C^*$ ），挑战者解密后将明文交给敌手。

（5）猜测。敌手输出 β' ，如果 $\beta' = \beta$ ，则敌手攻击成功。

敌手的优势定义为安全参数 K 的函数：

$$\text{Adv}_{\Pi,A}^{\text{CCA2}}(K) = \left| \Pr[\beta' = \beta] - \frac{1}{2} \right|$$

IND-CCA2 游戏可形式化地描述如下。其中公钥加密方案是三元组 $X = (\mathrm{KeyGen}, \varepsilon, D)$。

$$\underline{\mathrm{Exp}_{\Pi,A}^{\mathrm{CPA2}}(K):}$$

$(\mathrm{pk}, \mathrm{sk}) \leftarrow \mathrm{KeyGen}(K)$；

$(M_0, M_1) \leftarrow A^{D_{\mathrm{sk}}(\cdot)}(\mathrm{pk})$，其中 $|M_0| = |M_1|$；

$\beta \leftarrow_R \{0,1\}, C^* = \varepsilon_{\mathrm{pk}}(M_\beta)$；

$\beta' \leftarrow A^{D_{\mathrm{sk}, \neq c^*}(\cdot)}(\mathrm{pk}, C^*)$；

如果 $\beta' = \beta$，则返回 1；否则返回 0。

其中，$D_{\mathrm{sk} \neq C}(\cdot)$ 表示敌手不能向解密谕言机 $D_{\mathrm{sk}}(\cdot)$ 询问 C^*。敌手的优势定义为

$$\mathrm{Adv}_{\Pi,A}^{\mathrm{CCA2}}(K) = \left| \Pr[\mathrm{Exp}_{X,A}^{\mathrm{CPA2}}(K) = 1] - \frac{1}{2} \right|$$

定义 5.6 IND-CCA2 游戏安全。

如果任何多项式时间的敌手 A，存在一个可忽略的函数 $\phi(K)$，使得 $\mathrm{Adv}_{X,A}^{\mathrm{CCA2}}(K) \leqslant \phi(K)$，那么就称这个加密算法 Π 在适应性选择密文攻击下具有不可区分性，或者称为 IND-CCA2 游戏安全。在设计抗击主动敌手的密码协议时（如数字签名、认证、密钥交换、多方计算等），IND-CCA2 游戏安全的密码系统是有力的密码原语。

5.1.5 公钥加密体制的计算假设

在许多安全概念的基础之上，为实现安全的公钥加密方案，往往依赖于计算的假设：单向函数的存在性、单向置换的存在性、陷门单向函数置换的存在性。

单向函数是一个满足以下条件的函数 f：任何人可以较容易地计算函数值，但是给定 $y = f(x)$，想要恢复 x 在计算上是不可行的。单向置换是一个双射的单向函数。陷门的单向置换是一个特殊的单向置换，其秘密信息（陷门）有助于对函数进行求逆。而对计算假设情况来说，在没有陷门信息的任何情况下，计算函数的逆是不可行的，如果不需要额外的假设即可得到安全性。为了证明这一事实，唯一的办法是证明攻击安全方案或者协议的敌手来构造一个可以求解出计算假设的算法。如果所需要的假设越弱，则安全方案或者协议的安全性就越高。

设计电子拍卖的安全协议，常用的公钥加密体制的计算假设有：RSA 假设、群上的离散对数与判定性 Diffie-Hellman（DDH）假设。

1. RSA 假设

RSA 问题：设 $n = pq$ 是两个相同规模的大素数乘积，e 是与 $\varphi(n)$ 互素的整数。对给定的 $y \in Z_n^*$，计算 y 的模 e 次根 x，即满足 $x^e = y \bmod n$ 的 $x \in Z_n^*$。

RSA 假设：对任何两个足够大的素数乘积 $n = pq$，RSA 问题是难解的（可能与分解 n 一样困难）。

2. 群上的离散对数与 DDH 假设

群上的离散对数问题如下：给定群 G 的生成元 g 和 G 中的随机元素 h，计算 $\log_g h$。这个问题在许多群中都被认为是"困难的"，称其为离散对数假设。下面将 GroupGen 的离散对数假设定义如下。

GroupGen 的离散对数问题是困难的，如果对于所有的概率多项式时间算法 A，下式是可忽略的：

$$\Pr[(G,g) \leftarrow \text{GroupGen}(K); h \leftarrow_R G; x \leftarrow A(G,g,h) \exists g^x = h]$$

如果 GroupGen 的离散对数问题是困难的，且 G 是一个由 GroupGena 输出的群，则称离散对数问题在 G 中是困难的。

DDH 假设指的是区分元组 (g,g^x,g^y,g^{xy}) 和 (g,g^x,g^y,g^z) 是困难的，其中 g 是生成员，x、y、z 是随机的。

设 G 是阶为大素数 q 的群，g 为 G 的生成员，$x,y,z \leftarrow_R Z_q$。则以下两个分布：随机四元组 $R = (g,g^x,g^y,g^z) \in G^4$，四元组 $D = (g,g^x,g^y,g^{xy}) \in G^4$（称为 Diffie-Hellman 四元组，简称 DH 四元组）是计算上不可区分的，称为 DDH 假设。

具体地说，对任一敌手 A，A 区分 R 和 D 的优势为

$$\text{Adv}_A^{\text{DDH}}(K) = |\Pr[A(R) = 1] - \Pr[A(D) = 1]|$$

5.2　安全多方计算理论与方法

在证明与分析协议的安全性时，多方的安全计算目标则是设计抵抗任意可行

敌手攻击的协议，分为对半诚实敌手和对恶意敌手设计的协议。对于恶意的敌手，在复杂的情形下需要考虑两种不同的模型；第一种恶意行为的模型类似于两方情形，在这种模型中，敌手可以入侵多数参与方，在安全性定义中允许中断执行；第二种恶意行为模型中，敌手只能控制严格少数的参与方，在安全性定义中可有效防止中断执行。

5.2.1　安全多方计算的定义

一个多方协议可以看做将输入序列映射到输出序列的随机过程。设 m 表示参与方的个数，为简便起见，不妨设 m 是固定的。一个 m 元功能函数记为 $f:(\{0,1\}^*)^m \to (\{0,1\}^*)^m$，是将序列 $\bar{x} = (x_1, \cdots, x_m)$ 映射到随机变量序列 $f(\bar{x}) = (f_1(\bar{x}), \cdots, f_m(\bar{x}))$ 的随机过程，第 i 方的输入是 x_i，期望获得 $f(x_1, \cdots, x_m)$ 的第 i 个位置的分量 $f_i(x_1, \cdots, x_m)$。

对于多方计算，引进外部敌手的概念，即存在外部敌手，控制不诚实参与方的集合。敌手可以控制任意个数的参与方。非自适应敌手在协议执行之前确定要入侵的参与方集合，本书主要讨论的就是这种情况。关于通信信道的假设是，外部搭线窃听所有的通信信道，特别是诚实方之间的通信。

针对抵抗恶意敌手攻击的安全性定义，根据敌手控制参与方的个数可以分为两种情况：第一种情况是对敌手控制参与方的个数不加限制，对于这种情况安全计算任意功能函数的协议设计完全类似于两方情形，并且安全性定义允许协议中断；第二种情况是敌手控制参与方个数严格小于一半，对于这种情况，安全计算任意功能函数的协议设计比两方情形简单，并且安全性要求协议不能中断。

在第一种恶意行为模型中，有三种攻击行为不可避免。

（1）敌手控制的恶意参与方拒绝参与协议运行，在多方计算协议中，这种行为看做一种特殊的输入替换。

（2）恶意参与方替换输入。

（3）恶意参与方中断协议执行。

在理想模型中，尽管引进了可信方，这三种行为也是无法避免的，同样赋予恶意的第一方叫停可信访的权利，即当敌手控制第一方时，能够阻止可信访发送计算结果给其他参与方。

5.2.2　恶意模型中的安全性

定理 5.1　假设存在加强陷门置换族，网络中存在公钥基础设施，则任意 m 方功能函数在两方恶意模型中都可以安全计算。

所谓公钥基础设施是初始假设，它为每个参与方生成某个签名方案的密钥对，并且将验证密钥公开。定理 5.1 的证明分为两步。首先，将半诚实模型中安全的协议编译为第一种恶意行为模型中安全的协议。其次，将第一种恶意行为模型中安全的协议编译为第二种恶意行为模型中安全的协议，此处编译器利用的主要工具是可验证秘密的共享协议。假设参与方之间的通信是广播信道，参与方之间没有点到点的通信信道。所谓的广播信道是指在通信的每一个步骤，只有一个参与方发送消息，所有的参与方都收到这个消息，在确定的步骤中，只有协议指定的那个参与方才能够发送消息，即其他的参与方都能够验证当前步骤收到的消息的确是指定的参与方发出的。

5.3　零知识证明理论与方法

零知识证明是由 Goldwasser 等[116]在 20 世纪 80 年代提出的。零知识证明是一种协议，这种协议的一方称为证明者，他试图使被称为验证者的另一方相信某个论断是正确的，却不向验证者提供任何有用的信息。Goldwasser 等提出的零知识证明是交互式的，也就是说，只有证明者和验证者进行交互才能实现零知识性，因而称为交互式零知识证明（interactive zero knowledge proofs）。而在交互式零知识证明的研究中，又有两种基本的模型。一种是 GMR 模型[116]，该模型中，证明者具有无限的计算能力，验证者具有多项式时间的计算能力，证明指的是语言成员问题，即输入 I 是否是语言 L 的一个成员；另一种是 FFS 模型[129]，该模型中，证明者和验证者均具有多项式时间的计算能力，证明者的目的不是向验证者证明 $I \in L$，而是证明他知道 I 关于 L 的状况。Blum 和 Micali 等[130-132]于 20 世纪 80 年代末～90 年代初通过利用共同的称为参考串的短随机串代替交互实现了零知识证明这一思想，这种证明称为非交互式零知识证明。这种证明是非交互的、单向的，也就是证明者和验证者在证明阶段不需要进行交互，就能实现零知识性。这两类证明对设计安全协议发挥着重要的作用。

5.3.1　交互式零知识证明

交互式零知识证明，是指执行协议的两方（证明者 P 和验证者 V）进行有连接的通信，一方 P 执行完一步协议后，对方产生应答，P 再做出相应反应，以交互式应答的方式执行完整的协议。这种交互式零知识证明包括成员的零知识证明和知识的零知识证明。

1. 成员的零知识证明

简单来说，成员的交互证明系统 (P,V) 是由 P 和 V 两方所执行的一个协议。证明者 P 试图通过执行协议，说服验证者 V 相信某个定理 T 是正确的。若 T 为假，即使 P 不遵守协议，采取任何欺骗策略，也无法说服 V 相信 T 为真。而且在一个成员的交互证明系统中，不存在具有欺骗行为的验证者 V'。

成员的零知识证明系统定义：设 $L \subset \{0,1\}^*$ 是一个语言。(A,B) 是一个交互协议，我们说 (P,V) 对语言 L 是一个成员的安全零知识证明系统，如果它对 L 是一个成员的交互证明系统并且关于 L 是一个完全（统计、计算）零知识协议。

通常将计算零知识证明系统称为零知识证明系统，简称零知识证明。

2. 知识的零知识证明

在成员的零知识证明中，证明者向验证者泄露消息 $x \in L$，但是在某些场合，要求证明系统不能泄露任何消息。例如，在大多数现有的识别技术 IC 卡、信用卡、计算机口令等中，证明者 P 通过提交记在心中和印在卡上的一个词 $i(P)$ 来证明他的身份。这样，一个与不诚实的验证者合作的攻击者就能得到该卡的一个副本或

者知道了 $i(P)$，从而攻击者可使用 $i(P)$ 来假扮 P 享受 $i(P)$ 所允许的访问或服务。解决这一问题的一个方法是证明者 P 使用零知识证明来使验证者 V 相信他知道 $i(P)$，而不泄露 $i(P)$ 的任何信息。

5.3.2　非交互式零知识证明

与交互式零知识证明相比，非交互式零知识证明是无连接的。它是一个单向交互的过程，适用于一方地址不定或变化的情况：非交互式零知识证明也包括两种模型，一种是成员或定理的非交互式零知识证明系统，另一种是知识的非交互式零知识证明系统。

在一个非交互式证明系统中也有两方：证明者 P 和验证者 V。证明者知道某一定理的证明，他希望向验证者证明他的确能证明这一定理。对一个语言 L 的非交互式证明系统由两个阶段构成。第一个阶段是预处理阶段，主要建立证明者和验证者拥有的某些共同信息以及他们各自拥有的某些秘密信息，这个预处理阶段独立于定理证明阶段，而且允许证明者和验证者进行交互。第二个阶段是定理证明阶段，证明选择并向验证者证明定理，这个定理证明阶段是非交互式的。

非交互式零知识证明是一种特殊的非交互式证明系统，它要求在证明中不允许泄露任何有用的消息。同交互式零知识证明系统一样，非交互式零知识证明系统的证明者使验证者相信 x 具有某种具体的特性，但执行完协议后，验证者仍然完全不知道如何来证明 x 具有这个特性。

下面介绍非交互式零知识证明的验证性。关于证明者 P 所提供的一个定理的证明的验证有两种可能性。

（1）定理的证明被直接提供给一个特定的验证者 V，而且只有 V 才能验证。

（2）定理的证明能被系统中的任何用户验证。

在第（2）种情况下，我们称证明是公开可验证的。

公开验证的非交互式零知识证明系统的重要性在于它可以用于数字签名和消息认证等密码协议，证明的公开验证性指任何人能够检验签名。

5.4 形式化分析

Needham 和 Schroeder[133, 134]首次提出了使用形式化方法对协议进行分析的思想。而 Dolev 和 Yao 的工作开启了用形式化方法分析安全协议的先河，为随后的工作奠定了基础。他们定义了相关协议并发运行环境的形式模型以及敌手的攻击行为等，形成了 Dolev-Yao（DY）模型。在安全协议分析领域，Dolev 和 Yao 的工作被视为形式化方法的标志性工作，Burrows、Abadi 和 NeedHam 的工作则是形式化的里程碑。他们利用知识和信念逻辑描述和推理认证协议。这个逻辑系统称为 BAN 逻辑。这是一个全新的方法，用公式表示协议主体的信念或者知识，用推理规则从原有的公式得到新的信念公式。这个逻辑可以指出一些协议的漏洞。BAN 逻辑的出现激发了人们对应用形式化手段分析安全协议的兴趣。因此许多逻辑被构造出来。

参与协议运行的主体有两类：一类是诚实主体，在协议中的行为一直按照协议的规范进行，如果收到不合规范的消息，则认为与自己无关；另一类就是所谓的敌手，或者称为入侵者。对多数协议来说，可以认为只有一个敌手。他的能力直接反映到敌手模型之中。

形式化分析方法中最为流行的敌手模型是 DY 模型[135]。在协议运行的开始或者运行过程中，敌手可以窃听、消去以及任意安排公开信道上的消息。他也可以从观察到的消息产生新的消息，并将其加入信道之中。敌手可以将非加密消息分成若干个新的消息或者将若干个已知的消息合并成一个新的消息。敌手可以用已知的密钥对任意消息进行加密。敌手还可以解密一个收到的密文，前提是敌手知道正确的密钥。敌手可以根据需要，截断信道上传输的任何消息，注入自己产生的新的消息，发送该消息至依赖的目标主体或者任何其他主体。

形式化分析方法通常的做法是：把协议视为状态迁移系统，分析所有可能的轨迹（trace）。判定安全性质是否保持在所有的轨迹上。

在设计安全协议阶段，可以把常用的形式化分析思想和手段融入协议安全性证明当中，从而设计出更安全的电子拍卖协议。接下来介绍两种常用的形式化分析方法。

5.4.1　BAN 逻辑

BAN 逻辑是用来表达并证明安全协议中新人关系的一种认证逻辑，是由 Burrows 等[133, 134]于 20 世纪 80 年代末～90 年代初提出的。

1. 基本术语

在 BAN 逻辑中有主体、密钥、语句等几种对象。一般用符号 A、B、S 表示特定主体；K_{ab}、K_{as}、K_{bs} 表示特定的共享密钥；K_a、K_b、K_s 表示特定的公钥，而 K_a^{-1}、K_b^{-1}、K_s^{-1} 表示相应的私钥；N_a、N_b、N_c 表示特定的语句；符号 P、Q、R 表示主体变量；X、Y 表示语句变量；K 表示密钥变量。

以下是 BAN 逻辑中所用到的一些术语。

（1）P believes X：主体 P 认为 X 为真。

（2）P sees X：P 看到 X。

（3）P said X：P 曾说过 X。

（4）P controls X：P 对 X 具有控制权。

（5）fresh X：公式 X 是新鲜的。

（6）$P \overset{K}{\leftrightarrow} Q$：$P$ 和 Q 共享密钥 K。

（7）$\overset{K}{\mapsto} P$：K 是 P 的公钥。

（8）$P \overset{X}{\rightleftharpoons} Q$：$X$ 是一个只有 P 和 Q 知道的秘密。

（9）$\{X\}_K$：用密钥 K 对公式 X 加密。

（10）$<X>_Y$：X 与 Y 的组合，其中 Y 为一秘密。

2. 逻辑规则

BAN 的逻辑规则主要有以下几组。

（1）消息含义规则：

$$\frac{P \text{ believes } Q \overset{K}{\leftrightarrow} P, P \text{ sees} \{X\}_K}{P \text{ believes } Q \text{ said } X}$$

$$\frac{P \text{ believes } Q \overset{K}{\mapsto} P, P \text{ sees} \{X\}_{K^{-1}}}{P \text{ believes } Q \text{ said } X}$$

$$\frac{P \text{ believes } Q \overset{Y}{\rightleftharpoons} P, P \text{ sees} \{X\}_Y}{P \text{ believes } Q \text{ said } X}$$

（2）新鲜值验证规则：

$$\frac{P \text{ believes fresh}(X), P \text{ believes } Q \text{ said } X}{P \text{ believes } Q \text{ believes } X}$$

（3）控制规则：

$$\frac{P \text{ believes } Q \text{ controls } X, P \text{ believes } Q \text{ believes } X}{P \text{ believes } X}$$

（4）看到规则：

$$\frac{P \text{ sees}(X,Y)}{P \text{ sees } Y}, \quad \frac{P \text{ sees} <X>_Y}{P \text{ sees } X}, \quad \frac{P \text{ believes } Q \overset{K}{\leftrightarrow} P, P \text{ sees} \{X\}_K}{P \text{ sees } X}$$

$$\frac{P \text{ believes } \overset{K}{\mapsto} P, P \text{ sees} \{X\}_K}{P \text{ sees } X}, \quad \frac{P \text{ believes } \overset{K}{\mapsto} Q, P \text{ sees} \{X\}_{K^{-1}}}{P \text{ sees } X}$$

（5）新鲜性规则：

$$\frac{P \text{ believes fresh}(X)}{P \text{ believes fresh}(X,Y)}$$

5.4.2　Kailar 逻辑

Kailar 逻辑可用于分析电子商务协议的可追踪性。

1. 基本术语

Kailar 逻辑可以对协议中主体的证明能力进行分析，即主体证明通信协议中消息来源的能力。协议的主体通常用大写字母 $A, B, \cdots$ 来表示。由每个消息所构造的声明是对该消息的解释，声明通常用小写字母 $x, y, \cdots$ 来表示。在 Kailar 逻辑的分析框架中，声明 x 的证明是为了让其他主体相信该声明而不是让主体自身相信它。根据证明者的证明能力，有以下两种类型的证明。

（1）强证明：A CanProve x。

如果对任意主体 B，主体 A 通过执行一系列操作可以让 B 相信 x，但又不会向 B 泄露任何非 x 的秘密，则称主体 A 能够证明声明 x。

（2）弱证明：A CanProve x to B。

弱证明的含义与强证明类似，只是此处的主体 B 表示一个特定主体而非任意主体。

以下是 Kailar 逻辑中用到的一些表达式。

（1）签名认证：K Authenticates A。

该表达式表明，密钥 K 可以用于认证主体 A 的签名。

（2）消息解释：x in m。

它表示 x 是消息 m 的字段或组合字段的解释，这种解释是特定于协议的。

（3）声明：A Says x。

它表示主体 A 对声明 x 以及 x 所蕴涵的声明负责。

（4）消息收据：A Recieves m SignedWith K^{-1}。

它表示主体 A 收到以 K^{-1} 签名的消息。

（5）信任：A IsTrustedOn x。

该表达式表明，就声明 x 来说，A 是可信的。

2. 逻辑规则

Kailar 逻辑规则如下：

$$\text{Conj} : \frac{A \text{ CanProve } x \, ; \, A \text{ CanProve } y}{A \text{ CanProve } (x \wedge y)}$$

$$\text{Inf} : \frac{A \text{ CanProve } x \, ; \, x \Rightarrow y}{A \text{ CanProve } y}$$

$$\text{Sign} : \frac{A \text{ Recieves } (m \text{ SignedWith } K^{-1}) \, ; \, x \text{ in } m \, ; (K \text{ Authenticates } B)}{A \text{ CanProve}(B \text{ Says } x)}$$

$$\text{Trust}: \frac{A\ \text{CanProve}(B\ \text{Says}\ x)\ ;\ A\ \text{CanProve}(B\ \text{IsTrustedOn}\ x)}{A\ \text{CanProve}\ x}$$

5.5　电子拍卖的安全特性分析

在设计电子拍卖安全协议的过程中,判断一个电子拍卖的安全协议是否安全,完全取决于安全属性在协议执行完毕时是否可以完美地实现。安全属性主要有认证性、机密性、完整性、不可否认性、公平性、匿名性等。

5.5.1　认证性

认证性可以对抗假冒攻击的危险,可以用来确保身份,并可用于获取对某人或某事的信任。在协议中,当某一成员(声称者)提交一个主体身份并声称他是那个主体时,需要运用认证性以确认其身份是否如其声称所言。或者声称者需拿出证明其真实身份的证据,这个过程称为认证的过程。在协议的实体认证中可以是单向的也可以是双向的。

5.5.2　机密性

机密性的目的是保护协议消息不被泄露给非授权拥有此消息的人,即使是入侵者观测到了消息的格式,它也无法从中得到消息的内容或提炼出有用的信息。保证协议消息机密性的最直接的办法是对消息进行加密。加密使得消息由明文变为密文,并且任何人在不拥有密钥的情况下是不能解密的。

5.5.3　完整性

完整性的目的是保护协议消息不被非法改变、删除和替代。最常用的方法是封装和签名,即用加密或签名的办法,或者用哈希函数产生一个明文的摘要附在传送的消息上,作为验证消息完整性的依据。一个关键性的问题是,通信双方必须事先达成有关算法的选择等款项的共识。如果被保护的消息拥有一定的冗余，加密消息的冗余能保证消息完整性的效果。如果一个入侵者在不知道密钥的情况下而修改了密文的一部分，则会导致在解密的过程中产生不正确的结果。

5.5.4　不可否认性

不可否认性的目的是通过通信主体提供对方参与协议交换的证据以保证其合法利益不受侵害，即协议主体必须对自己的合法行为负责，而不能也无法事后否认。非否认协议的主体的目的是搜集证据，以便事后能够向可信仲裁证明对方主体的确发送了或接收了消息。证据一般是以签名消息的形式出现的，从而将消息与消息的意定发送者进行了绑定。

5.5.5　公平性

公平性的目的是保护协议的参与者不能单方面中止协议或获得有别于其他参与者的额外优势，在合同签署协议中具有重要的意义。

5.5.6　匿名性

匿名性的目的是保证消息的发送者身份不被泄露，也就是消息与消息发送者的身份不再绑定在一起。

5.6　总　　结

在设计电子拍卖协议的过程中，除了考虑安全属性在协议执行完毕时是否可以完美地实现，也要针对实际的业务执行过程对安全需求进行分析。在电子拍卖安全特性分析的过程中，通过运用第 2~4 章所涉及的安全技术手段，设计的电子拍卖协议可以根据实际应用场景的真实情况，针对安全需求性质对协议步骤的具体执行过程进行分析，从而证明协议的安全性[10, 22, 26, 27, 29, 31, 32, 34, 38, 45, 63, 82, 91, 94, 117, 120, 136-140]。

参 考 文 献

[1] 郑鑫尧. 世界拍卖史[M]. 上海：上海财经大学出版社，2010.

[2] Chaum D，van Heyst E. Group signatures[C]//Advances in Cryptology—EUROCRYPT'91. Berlin：Springer，1991：257-265.

[3] Camenisch J，Stadler M. Efficient group signature schemes for large groups[J]. Advances in Cryptology—CRYPTO'97，1997：410-424.

[4] Omote K，Miyaji A. A practical English auction with one-time registration[C]//Australasian Conference on Information Security and Privacy. Berlin：Springer，2001：221-234.

[5] Dongyao J，Yumin W. A secure electronic auction based on group signature[J]. Acta Electronica Sinica，2002，30（1）：18-21.

[6] Liu X，Xu Q L，Shang J Q. A public auction scheme based on group signature[C]//Proceedings of the 3rd International Conference on Information Security. Shanghai：ACM，2004：136-142.

[7] Nguyen K Q，Traoré J. An online public auction protocol protecting bidder privacy[C]// Australasian Conference on Information Security and Privacy. Berlin：Springer，2000：427-442.

[8] Sakurai K，Miyazaki S. An anonymous electronic bidding protocol based on a new convertible group signature scheme[C]//Australasian Conference on Information Security and Privacy. Berlin：Springer，2000：385-399.

[9] Trevathan J，Ghodosi H，Read W. An anonymous and secure continuous double auction scheme[C]// Proceedings of the 39th Annual Hawaii International Conference on. IEEE. Kauia，2006：125b.

[10] Lee C C，Ho P F，Hwang M S. A secure e-auction scheme based on group signatures[J]. Information Systems Frontiers，2009，11（3）：335-343.

[11] Yong D，Bin L，Zhaoxia Z. An electronic auction scheme based on group signatures and partially blind signatures[J]. Procedia Engineering，2011，15：3051-3057.

[12] Ateniese G，Camenisch J，Joye M，et al. A practical and provably secure coalition-resistant group signature scheme[C]//Annual International Cryptology Conference. Berlin：Springer，2000：255-270.

[13] Chaum D. Blind signatures for untraceable payments[C]//Proceedings of CRYPTO 1982. In Advances in Cryptology. Boston：Plenum Press，1983：199-203.

[14] Mu Y，Varadharajan V. An internet anonymous auction scheme[C]//International Conference on Information Security and Cryptology. Berlin：Springer，2000：171-182.

[15] Wang C，Leung H. Anonymity and security in continuous double auctions for Internet retails market[C]//Proceedings of the 37th Annual Hawaii International Conference on. IEEE. Big Island，2004：10.

[16] Juang W S，Liaw H T，Lin P C，et al. The design of a secure and fair sealed-bid auction service[J]. Mathematical and Computer Modeling，2005，41（8/9）：973-985.

[17] Kazem H，Hasan Q，Khan R Z. Fraud/privacy protection in anonymous auction[C]//Internet Monitoring and Protection，2007. ICIMP 2007. Second International Conference on. IEEE. San Jose，2007：12-12.

[18] Chaum D. Security without identification：Transaction system to make big brother obsolete[J]. Communication of ACM，1985，28（10）：1030-1044.

[19] ElGamal T. A public key cryptosystem and signature scheme based on discrete logarithms[J]. IEEE Transactions on Information Theory，1935，31（4）：446-472.

[20] Camenisch J，Piveteau J，Stadler M. Blind signatures based on the discrete logarithm problem[C]// Advances of Cryptology-Eurocrypt'94 Proceedings. Berlin：Springer-Verlag，1994：428-432.

[21] Rivest L，Shamir A，Tauman Y. How to leak a secret[C]//LNCS2248，Proceedings of AsiacryptOI. Berlin：Springer-Verlag，2001：522-565.

[22] Xiong H，Qin Z，Zhang F，et al. A sealed-bid electronic auction protocol based on ring signature[C]//Communications，Circuits and Systems，2007. ICCCAS 2007. International Conference on. IEEE. Kokura，2007：480-483.

[23] Xiong H，Qin Z，Li F. An Anonymous sealed-bid electronic auction based on ring signature[J]. IJ Network Security，2009，8（3）：235-242.

[24] Xiong H，Chen Z，Li F. Bidder-anonymous English auction protocol based on revocable ring signature[J]. Expert Systems with Applications，2012，39（8）：7062-7066.

[25] Chang C C，Cheng T F，Chen W Y. A novel electronic English auction system with a secure on-shelf mechanism[J]. IEEE Transactions on Information Forensics and Security，2013，8（4）：657-668.

[26] Li S，Li X，He M X，et al. Sealed-BID electronic auction without the third party[C]//Wavelet Active Media Technology and Information Processing（ICCWAMTIP），2014 11th International Computer Conference on. IEEE. Chengdu，2014：336-339.

[27] Suzuki K，Yokoo M. Secure multi-attribute procurement auction[C]//WISA. Berlin：Springer，2005：306-317.

[28] Abe M，Suzuki K. $M+1$-st price auction using homomorphic encryption[C]//International Workshop on Public Key Cryptography. Berlin：Springer，2002：115-124.

[29] Omote K，Miyaji A. A second-price sealed-bid auction with verifiable discriminant of p0-th root[C]//International Conference on Financial Cryptography. Berlin：Springer，2002：57-71.

[30] Brandt F. Fully private auctions in a constant number of rounds[C]//Computer Aided Verification. Berlin: Springer, 2003: 223-238.

[31] Chen X, Lee B, Kim K. Receipt-free electronic auction schemes using homomorphic encryption[C]// International Conference on Information Security and Cryptology. Berlin: Springer, 2003: 259-273.

[32] Wang C, Leung H, Wang Y. Secure double auction protocols with full privacy protection[C]// International Conference on Information Security and Cryptology. Berlin: Springer, 2003: 215-229.

[33] Yokoo M, Suzuki K. Secure multi-agent dynamic programming based on homomorphic encryption and its application to combinatorial auctions[C]//Proceedings of the First International Joint Conference on Autonomous Agents and Multiagent Systems: Part 1. New York: ACM, 2002: 112-119.

[34] Srinath T R, Kella S, Jenamani M. A new secure protocol for multi-attribute multi-round e-reverse auction using online trusted third party[C]//Emerging Applications of Information Technology (EAIT), 2011 Second International Conference on. IEEE. Washington, 2011: 149-152.

[35] Li M J, Juan J S T, Tsai J H C. Practical electronic auction scheme with strong anonymity and bidding privacy[J]. Information Sciences, 2011, 181 (12): 2576-2586.

[36] Peng K, Henricksen M. Multiplicative homomorphic e-auction with formally provable security[C]//IFIP International Workshop on Information Security Theory and Practices. Berlin: Springer, 2013: 1-17.

[37] Krishnamachari S, Nojoumian M, Akkaya K. Implementation and analysis of dutch-style sealed-bid auctions computational vs unconditional security[C]//Information Systems Security and Privacy (ICISSP), 2015 International Conference on. IEEE. Angers, 2015: 1-8.

[38] Larson M, Li R, Hu C, et al. A bidder-oriented privacy-preserving vcg auction scheme[C]// International Conference on Wireless Algorithms, Systems, and Applications. Berlin: Springer, 2015: 284-294.

[39] Thapa A, Liao W, Li M, et al. SPA: A secure and private auction framework for decentralized online social networks[J]. IEEE Transactions on Parallel and Distributed Systems, 2016, 27 (8): 2394-2407.

[40] Stadler M. Publicly verifiable secret sharing[C]//International Conference on the Theory and Applications of Cryptographic Techniques. Berlin: Springer, 1996: 190-199.

[41] Schnorr C P. Efficient signature generation by smart cards[J]. Journal of Cryptology, 1991, 4: 161-174.

[42] Chaum D, Pedersen T P. Wallet databases with observers[C]//Advances in Cryptology-Proceedings of the 12th Annual International Cryptology Conference, LNCS 740. Berlin: Springer, 1992.

[43] McAfee R P. A dominant strategy double auction[J]. Journal of Economic Theory，1992，56（2）：434-450.

[44] Paillier P. Public-key cryptosystems based on composite degree residuosity classes[C]//Eurocrypt，1999，99：223-238.

[45] Peng K，Boyd C，Dawson E，et al. Non-interactive auction scheme with strong privacy[C]//International Conference on Information Security and Cryptology. Berlin：Springer，2002：407-420.

[46] Suzuki K，Yokoo M. Secure generalized vickrey auction using homomorphic encryption[C]//International Conference on Financial Cryptography. Berlin：Springer，2003：239-249.

[47] Lipmaa H，Asokan N，Niemi V. Secure vickrey auctions without threshold trust[C]// International Conference on Financial Cryptography. Berlin：Springer，2002：87-101.

[48] Parkes D C，Rabin M O，Shieber S M，et al. Practical secrecy-preserving，verifiably correct and trustworthy auctions[J]. Electronic Commerce Research and Applications，2008，7（3）：294-312.

[49] Mitsunaga T，Manabe Y，Okamoto T. Efficient secure auction protocols based on the Boneh-Goh-Nissim encryption[C]//IWSEC. Berlin：Springer，2010：149-163.

[50] Peng K，Bao F. Efficiency improvement of homomorphic e-auction[C]//International Conference on Trust，Privacy and Security in Digital Business. Berlin：Springer，2010：238-249.

[51] Mitsunaga T，Manabe Y，Okamoto T. A secure $M+1$-st price auction protocol based on bit slice circuits[C]//IWSEC. Berlin：Springer，2011：51-64.

[52] Srinath T R，Singh M P，Pais A R. Anonymity and verifiability in multi-attribute reverse auction[J]. International Journal of Information Technology Convergence and Services，2011，1（4）：1-8.

[53] Pan M，Sun J，Fang Y. Purging the back-room dealing：Secure spectrum auction leveraging paillier cryptosystem[J]. IEEE Journal on Selected Areas in Communications，2011，29（4）：866-876.

[54] Pan M，Zhu X，Fang Y. Using homomorphic encryption to secure the combinatorial spectrum auction without the trustworthy auctioneer[J]. Wireless Networks，2012，18（2）：113-128.

[55] Chen Z，Huang L，Li L，et al. PS-TRUST：Provably secure solution for truthful double spectrum auctions[C]//INFOCOM，2014 Proceedings IEEE. Toronto，2014：1249-1257.

[56] Li L，Huang L，Liu A，et al. Secure double spectrum auctions[C]//Quality of Service（IWQoS），2015 IEEE 23rd International Symposium on. IEEE. Portland，2015：81-82.

[57] Zhou M，Niu C，Zheng Z，et al. An efficient，privacy-preserving，and verifiable online auction mechanism for Ad exchanges[C]//Global Communications Conference（GLOBECOM），2015 IEEE. San Diego，2015：1-6.

[58] Larson M，Li W，Hu C，et al. A secure multi-unit sealed first-price auction mechanism[C]//International Conference on Wireless Algorithms，Systems，and Applications. Berlin：Springer，2015：295-304.

[59] Gao J, Wang J, Lu N, et al. A secure reverse multi-attribute first-price e-auction mechanism using multiple auctioneer servers（work in progress）[C]//International Conference on Provable Security. Berlin: Springer International Publishing, 2016: 384-391.

[60] Bektaş A, Kiraz M S, Uzunkol O. A secure and efficient protocol for electronic treasury auctions[C]//International Conference on Cryptography and Information Security in the Balkans. Berlin: Springer International Publishing, 2014: 123-140.

[61] Abdelhadi A, Shajaiah H, Clancy C. A multitier wireless spectrum sharing system leveraging secure spectrum auctions[J]. IEEE Transactions on Cognitive Communications and Networking, 2015, 1（2）: 217-229.

[62] Aly A, van Vyve M. Practically efficient secure single-commodity multi-market auctions[C]// International Conference on Financial Cryptography and Data Security. Berlin: Springer, 2016: 110-129.

[63] Wong K S, Kim M H. Toward a fair indictment for sealed-bid auction with self-enforcing privacy[J]. The Journal of Supercomputing, 2017: 1-19.

[64] Fouque P A, Poupard G, Stern J. Sharing decryption in the context of voting or lotteries[C]// Financial Cryptography, 2000, 1962: 90-104.

[65] Rabin M O. Foundations of Secure Computing[M]. New York: Academic Press, 1978: 155-166.

[66] Schartner P, Schaffer M. Unique User-Generated Digital Pseudonyms[M]. Berlin: Springer, 2005: 194-205.

[67] Damgård I, Jurik M. A generalization, a simplication and some applications of paillier's probabilistic public-key system[C]//International Workshop on Public Key Cryptography. Berlin: Springer, 2001: 119-136.

[68] Baudron O, Fouque P A, Pointcheval D, et al. Practical multi-candidate election system[C]// Twentieth ACM Symposium on Principles of Distributed Computing. New York: ACM, 2001: 274-283.

[69] Fiat A, Shamir A. How to prove yourself: Practical solutions to identification and signature problems[C]//Conference on the Theory and Application of Cryptographic Techniques. Berlin: Springer, 1986: 186-194.

[70] Krishna V. Auction theory[J]. Elsevier Monographs, 2017, 7（3）: 289-297.

[71] Agrawal R, Kiernan J, Srikant R, et al. Order preserving encryption for numeric data[C]// Proceeding of the 2004 ACM SIGMOD International Conference on Management of data. New York, 2004: 563-574.

[72] Tzeng W G. Efficient 1-out-n oblivious transfer schemes[C]//International Workshop on PKC. Berlin: Springer, 2002: 159-171.

[73] Koblitz N. Elliptic curve cryptosystems[J]. Mathematics of Computation, 1987, 48: 203-209.

[74] Miller V, Uses of elliptic curves in cryptography[J]. Advances in Cryptology—CRYPTO '85, Lecture Notes in Computer Science, 1986, 218: 417-426.

[75] Liu Y. A new secure and efficient $M+1$-st price auction scheme based on ECC system[C]// Anti-counterfeiting, Security, and Identification in Communication, 2009. ASID 2009.3rd International Conference on. IEEE. Hong kong, 2009: 489-492.

[76] Wu T C, Lin T Y, Wu T S, et al. Efficient English auction scheme without a sECURE CHannel[J]. International Arab Journal of Information Technology (IAJIT), 2015, 72 (3): 246-252.

[77] Saeki M. Elliptic Curve Cryptosystems[D]. Montréal: McGill University, 1997.

[78] Dai Y J, Yang C. (t, n) Threshold signature encryption scheme based on ellipse curve cryptosystem[J]. Research on Computer Application, 2004, 21 (9): 142-144.

[79] Smart N P. The discrete logarithm problem on elliptic curves of trace one[J]. Journal of Cryptology, 1999, 12 (3): 193-196.

[80] Rabin M O. How to exchange secrets with oblivious transfer[J]. IACR Cryptology ePrint Archive, 2005, 2005: 187.

[81] Tzeng W G. Efficient 1-out-of-n oblivious transfer schemes with universally usable parameters[J]. IEEE Transactions on Computers, 2004, 53 (2): 232-240.

[82] Naor M, Pinkas B, Sumner R. Privacy preserving auctions and mechanism design[C]// Proceedings of the 1st ACM Conference on Electronic Commerce. Denver: ACM, 1999: 129-139.

[83] Juels A, Szydlo M. A two-server, sealed-bid auction protocol[C]//International Conference on Financial Cryptography. Berlin: Springer, 2002: 72-86.

[84] Peng K, Boyd C, Dawson E. Batch verification of validity of bids in homomorphic e-auction[J]. Computer Communications, 2006, 29 (15): 2798-2805.

[85] Sakurai Y, Yokoo M, Iwasaki A, et al. Secure keyword auction: preserving privacy of bidding prices and ctrs[C]//Proceedings of the 2009 IEEE/WIC/ACM International Joint Conference on Web Intelligence and Intelligent Agent Technology-Volume 02. IEEE Computer Society. Milan, 2009: 419-422.

[86] Huang Q, Tao Y, Wu F. Spring: A strategy-proof and privacy preserving spectrum auction mechanism[C]//INFOCOM, 2013 Proceedings IEEE. Turin, 2013: 827-835.

[87] Zanin M, Pereira E Á, Mirchandani V, et al. Design and implementation of a secure auction system for air transport slots[C]//Services (SERVICES), 2015 IEEE World Congress on. IEEE. New York, 2015: 160-166.

[88] Shamir A. How to share a secret[J]. Communications of the ACM, 1979, 22 (11): 612-613.

[89] Franklin M K, Reiter M K. The design and implementation of a secure auction service[J]. IEEE Transactions on Software Engineering, 1996, 22 (5): 302-312.

[90] Liu S, Wang C, Wang Y. A secure multi-round electronic auction scheme[C]//EUROCOMM

2000. Information Systems for Enhanced Public Safety and Security. IEEE/AFCEA. Munich, 2000: 330-334.

[91] Omote K, Miyaji A. An anonymous auction protocol with a single non-trusted center using binary trees[C]//International Workshop on Information Security. Berlin: Springer, 2000: 108-120.

[92] Peng K, Boyd C, Dawson E, et al. Robust, privacy protecting and publicly verifiable sealed-bid auction[C]//Information and Communications Security. Berlin: Springer, 2002: 147-159.

[93] Suzuki K, Yokoo M. Secure combinatorial auctions by dynamic programming with polynomial secret sharing[C]//International Conference on Financial Cryptography. Berlin: Springer, 2002: 44-56.

[94] Brandt F. How to obtain full privacy in auctions[J]. International Journal of Information Security, 2006, 5 (4): 201-216.

[95] Ha J H, Zhou J, Moon S J. A secure double auction protocol against false bids[J]. Decision Support Systems, 2007, 44 (1): 147-158.

[96] Palmer B, Bubendorfer K, Welch I. A protocol for verification of an auction without revealing bid values[J]. Procedia Computer Science, 2010, 1 (1): 2649-2658.

[97] Lin H, Cao Z, Liang X, et al. Secure threshold multi authority attribute based encryption without a central authority[C]//INDOCRYPT, 2008, 8: 426-436.

[98] Hinkelmann M, Jakoby A, Moebius N, et al. A cryptographically t-private auction system[J]. Concurrency and Computation: Practice and Experience, 2011, 23 (12): 1399-1413.

[99] Schütte J, Heuser S. Auctions for secure multi-party policy negotiation in ambient intelligence[C]//Advanced Information Networking and Applications (WAINA), 2011 IEEE Workshops of International Conference on. IEEE. Washington, 2011: 417-423.

[100] Peng K. Secure E-Auction for mobile users with low-capability devices in wireless network[J]. WISTP, 2011, 11: 351-360.

[101] Nojoumian M, Stinson D R. Efficient sealed-bid auction protocols using verifiable secret sharing[C]//ISPEC. Berlin: Springer, 2014: 302-317.

[102] Kikuch H, Harkavy M, Tygar J D. Multi-round anonymous auction protocols[J]. Proceedings of the First IEEE Workshop on Dependable and Real-Time E-Commerce Systems, 1998: 62-69.

[103] Chen Z, Huang L, Chen L. ITSEC: An information-theoretically secure framework for truthful spectrum auctions[C]//Computer Communications (INFOCOM), 2015 IEEE Conference on. IEEE. Hong Kong, 2015: 2065-2073.

[104] Feldman P. A practical scheme for non-interactive verifiable secret sharing[C]//Foundations of Computer Science, 1987. 28th Annual Symposium on. IEEE. Los Angeles, 1987: 427-438.

[105] Pedersen T P. Non-interactive and information-theoretic secure verifiable secret sharing[J].

Crypto，1991，91（7）：129-140.

[106] Blum M. Coin flipping by telephone：A protocol for solving impossible problems[J]. ACM GIGACT News，1982，15（1）：23-27.

[107] Zhang F，Li Q，Wang Y. A new secure electronic auction scheme[C]//EUROCOMM 2000. Information Systems for Enhanced Public Safety and Security. IEEE/AFCEA. IEEE. Munich，2000：54-56.

[108] Montenegro J A，Fischer M J，Lopez J，et al. Secure sealed-bid online auctions using discreet cryptographic proofs[J]. Mathematical and Computer Modeling，2013，57（11）：2583-2595.

[109] 王育民，刘建伟. 通信网的安全——理论与技术[M]. 西安：西安电子科技大学出版社，1999.

[110] Goldwasser S，Micali S，Rivest R L. A digital signature scheme secure against adaptive chosen-message attacks[J]. SIAM Journal on Computing，1988，17（2）：281-308.

[111] Halevi S. Efficient commitment schemes with bounded sender and unbounded receiver[C]//Annual International Cryptology Conference. Berlin：Springer，1995：84-96.

[112] Chaum D，van Heijst E，Pfitzmann B. Cryptographically strong undeniable signatures，unconditionally secure for the signer[C]//Annual International Cryptology Conference. Berlin：Springer，1991：470-484.

[113] Yao A. Protocols for secure computations[C]//Foundations of Computer Science，1982，SFCS'08，23rd Annual International Symposiumon，IEEE. Chicago，1982：160-164.

[114] Goldreich O，Micali S，Wigderson A. How to play any mental game[C]//Proceedings of the Nineteenth Annual ACM Conference on Theory of Computing. New York：ACM Press，1987：218-229.

[115] Nishide T，Iwamoto M，Iwasaki A，et al. Secure（M + 1）st-price auction with automatic tie-break[C]//International Conference on Trusted Systems. Berlin：Springer，2014：422-437.

[116] Goldwasser S，Micali S，Rackoff C，The knowledge complexity of interactive proof systems[J]. SIAM Jouruel of Computing，1989，18（1）：186-208.

[117] Lee B，Kim K，Ma J. Efficient public auction with one-time registration and public verifiability[J]. Progress in Cryptology—INDOCRYPT 2001，2001：162-174.

[118] Shih D H，Huang H Y，Yen D C. A secure reverse vickery auction scheme with bid privacy[J]. Information Sciences，2006，176（5）：550-564.

[119] Li J，Li N，Winsborough W H. Automated trust negotiation using cryptographic credentials[C]//Proceedings of the 12th ACM Conference on Computer and Communications Security. New York：ACM，2005：46-57.

[120] Shih D H，Cheng C H，Shen J C. A secure protocol of reverse discriminatory auction with bid privacy[C]//Management of Mobile Business，2007. ICMB 2007. International Conference on the. IEEE. Toronto，2007：52.

[121] Shih D H，Yen D C，Cheng C H，et al. A secure multi-item e-auction mechanism with bid privacy[J]. Computers & Security，2011，30（4）：273-287.

[122] Bárász M，Ligeti P，Mérai L，et al. Anonymous sealed bid auction protocol based on a variant of the dining cryptographers' protocol[J]. Periodica Mathematica Hungarica，2012，65（2）：167-176.

[123] Cramer R，Gennaro R，Schoenmakers B. A secure and optimally efficient multi-authority election scheme[J]. Transactions on Emerqing Telecommunications Technologies，1997，8（5）：481-490.

[124] Asokan N，Shoup V，Waidner M. A synchronous protocols for optimistic fair exchange[C]// Security and Privacy，1998，Proceedings. IEEE Symposium on IEEE. Oakland，1998：86-99.

[125] Bao F. An efficient verifiable encryption scheme for the encryption of discrete logarithms[C]// Proceedings of CARDIS'98，LNCS. Berlin：Springer-Verlag，1998.

[126] 杨波. 密码学中的可证明安全性[M]. 北京：清华大学出版社，2017.

[127] 冯登国. 安全协议——理论与实践[M]. 北京：清华大学出版社，2011：21-187.

[128] Goldreich O. 密码学基础[M]. 温巧燕，杨义先，译. 北京：电子工业出版社，2003.

[129] Feige U，Fiat A，Shamir A. Zero-knowledge proofs of identity[J]. Journal of Cryptology，1988，1（2）：77-94.

[130] Blum M，Feldman P，Micali S. Non-interactive zero-knowledge proof systems and applications[C]// Proceedings 20th Annual ACM Symposium on Theory of Computing. Chincago，1988：103-112.

[131] de Santis A，Micali S，Persiano G. Systems，Advances in Cryptology-Crypto'87[M]. Berlin：Spring-Verleg，1987：52-72.

[132] Blum M，de Santis A，Micali S. Non-interactive zero-knowledge[J]. SIAM Journal Computing，1991，20：1084-1118.

[133] Burrows M，Abadi M，Needham R. A logic of authentication. Rep. 39[C]//Digital Equipment Corporation System Research Center. Palo Alto，1989.

[134]]Burrows M，Abadi M，Needham R. A logic of authentication[J]. ACM Transactions on Computer Systems，1990，8：18-36.

[135] Dolev D，Yao A C. On the security of public key protocols0[J]. Proceedings of the IEEE 22nd Annual Symposium on Foundations of Computer Science，1981：350-357.

[136] Suzuki K，Kobayashi K，Morita H. Efficient sealed-bid auction using hash chain[C]// International Conference on Information Security and Cryptology. Berlin：Springer，2000：183-191.

[137] Liaw H T，Juang W S，Lin C K. An electronic online bidding auction protocol with both security and efficiency[J]. Applied Mathematics and Computation，2006，174（2）：1487-1497.

[138] Islam M N，Rahman M Z. Secure online sealed bid auction[C]//Computer and Information Technology，2008. ICCIT 2008. 11th International Conference on. IEEE. Khulna，2008：593-598.

[139] Howlader J，Ghosh A，Pal T D R. Secure receipt-free sealed-bid electronic auction[C]//International Conference Contemporary Computing. Berlin：Springer，2009：228-239.

[140] Sinha S，Jenamani M. A security framework for multi-authority based e-sealed bid auction system[C]//International Conference Security in Computer Networks and Pistubuted Systems. Berlin：Springer，2014：32-44.